공산당선언

Manifest der Kommunistischen Partei

공산당선언
MANIFEST DER KOMMUNISTISCHEN PARTEI

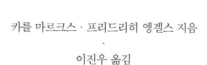

카를 마르크스 · 프리드리히 엥겔스 지음

·

이진우 옮김

책세상

일러두기

1. 이 책은 마르크스와 엥겔스의 공저 《공산당선언*Manifest der Kommunistischen Partei* 》(1848)과 엥겔스의 《공산주의의 원칙*Grundsätze des Kommunismus*》(집필 1847, 출판 1914)을 완역하고 《공산당선언》의 여러 중판본과 번역본의 서문들을 덧붙인 것이다.

2. 번역 대본으로는 MEW판이라 불리는 독일어판 《마르크스·엥겔스 전집》(Karl Marx·Friedrich Engels, *Werke*(MEW), Bd. 4(Berlin : Dietz Verlag, 1959))을 사용했다. MEW판은 마르크스와 엥겔스의 글과 편지를 연대순으로 편집한, 현존하는 가장 포괄적인 전집이다. 또한 Karl Marx·Friedrich Engels, *Manifest der Kommunistischen Partei. Grundsätze des Kommunismus, mit einem Nachwort von Iring Fetscher* (Stuttgart : Reclam, 1986)를 참조했다.

3. 주는 모두 후주로 처리했다. 엥겔스의 주는 '(엥겔스 주)'로 표시하고 MEW판 편집자의 주는 '(편집자주)'로 표시해 구별했으며, 그 밖에는 모두 옮긴이의 주다.

4. 《공산당선언》 1848년 초판과 1872년 독일어 제2판, 1883년 독일어 제3판, 1888년 영어판 등과의 차이는 텍스트를 이해하는 데 크게 영향을 미치지 않아 따로 밝히지 않았다.

5. 저자들이 이탤릭체로 강조한 부분은 고딕체로 표기했다.

6. 주요 인명과 책명은 처음 1회에 한해 원어를 병기했다.

7. 단행본과 잡지는 《 》로, 논문과 평론은 〈 〉로 표시했다.

공산당선언 | 차례

"우리는 '여기 진리가 있다, 여기서 무릎을 꿇어라!'라는 식으로 새로운 원리를 가지고 교조적으로 세계와 맞서지 않는다. 우리가 세계에 설명하는 새로운 원리들은 세계 자체의 원리들에서 나온다." 인류 역사에 가장 커다란 발자취를 남긴 이데올로기 가운데 하나인 공산주의 사상을 발전시키면서 마르크스Karl (Heinrich) Marx가 한 이 말은 우리를 혼란스럽게 하기에 충분하다. 공산주의 이데올로기로 세계를 변혁하려 했던 실험적 사상가가 바로 마르크스가 아니던가? 그러나 마르크스는 여기서 이미 자신은 마르크스주의자가 아님을 천명하고 있다.

마르크스는 분명 두 얼굴을 가진 사상가이다. 그는 현실에 대한 냉철한 분석을 토대로 인간 해방의 가능성을 철저하게 성찰한 철학자의 얼굴을 하고 있는 한편, 우리를 억압하는 모든 사회 관계를 근본적으로 변혁해야 한다고 소리 높이는 혁명가의 얼굴을 하고 있다.

이러한 이중성이 그를 가장 논란의 여지가 많은 근대의 사상가로 만들었다. 그는 자신이 추구한 사유를 이론적으로 체계화하는 데 그다지 관심을 기울이지 않았기 때문에 많은 사람들이 그를 철학자로 쉽게 규정하지 못한다. 이처럼 논란의 여지가 많은 것은 그의 영향력 때문이기도 하다. 그가 살았던 시대부터 오늘날까지 일어난 수많은 자유 운동들은 한결같이 마르크스의 이름을 호명하지만, 결과는 드물지 않게 본래의 의도와는 정반대로 나타났기 때문이다.

이제 마르크스 사상에 '절대적 진리'의 성격을 부여함으로써 새로운 공산당 엘리트들의 지배 권력을 정당화했던 이데올로기의 딱딱한 껍질은 현존 사회주의가 붕괴함으로써 산산조각 났다. 오늘날 마르크스주의가 자본주의의 문제들을 '해결'할 수 있다고 믿는 사람은 아무도 없다. 그럼에도 불구하고 마르크스는 우리가 여전히 짚고 넘어가야 할 문제 가운데 하나이다. 그는 여전히 우리에게 자본주의에 대한 올바른 문제 제기의 방법을 가르쳐주기 때문이다. 마르크스가 마르크스주의의 이데올로기적 가면을 벗어 던지고 우리에게 '철학자'로 나타나는 곳은 바로 이 지점이다. 이곳은 마르크스가 '문제 해결'의 이데올로기 이론가에서 '문제 제기'의 철학자로 다시 태어나는 지점이기도 하다. 사실 마르크스는 모든 진정한 이론은 오로지 구체적인 현실 속에서만 명료화되고 발전되어야 한다는 확신에서 일찍이 "나는 마르크스주의자가 아니다"라고 고백하지 않았던가?

철학자 마르크스의 근본 입장은 젊은 날 아버지에게 보낸 편지에서 분명하게 드러난다. "현실 자체에서 이념을 찾겠다"라는 입장은 그의 전 생애와 저서를 관통하는 사상적 실마리이다. 철학의 역사가 대체로 '이념 속에서 현실'을 탐구하는 이상주의의 줄기와 '현실 속에서 이념'을 찾는 현실주의의 줄기로 나뉜다는 사실을 상기하면, 마르크스의 철학은 철학의 커다란 한 줄기를 대변하고 있다 해도 과언이 아니다. 그는 냉철한 현실 인식을 토대로 이념과 현실의 화해를 시도했기 때문이다.

그의 철학적 입장은 마르크스주의의 퇴색에도 불구하고 여전히 타당성을 지닌다. 우선 그는 어떤 사상가보다 현실에 대한 예리한 감각을 가지고 있다. 그는 이제까지의 사회와는 전혀 다른 자본주의 사회가 도래하고 있다는 사실을 감지했을 뿐만 아니라, 자본의 논리로 야기되는 인간 소외의 문제를 철저하게 분석함으로써 인간 해방의 가능성을 모색했다. 마르크스는 미래의 방향을 설정하기 위해서는 실질적 조건이 생성된 과정을 되돌아볼 필요가 있다고 믿었던, 철저히 현실주의적인 철학자였다. 어느 누가 사회 발전을 예견하는 능력에서 그를 능가할 수 있겠는가?

그가 이러한 현실 인식을 검증하거나 실현할 수 있는 방법으로 선택한 것은 다름 아닌 '비판'이다. 마르크스는 이성이 항상 존재해왔지만, 항상 이성적 형태로만 존재했던 것은 아니라는 전제에서 출발하여, "그 결과뿐만 아니라 현존 권력과의 갈등도 두려워하지 않는다는 의미에서 기존의 모든 것에 대한 가차없는 비판"을 주장한다. 물론 이런 주장에는 인간 자신이 모든 급진적 비판의 뿌리이며 토대라는 강한 믿음이 깔려 있다. 인간의 관점에서 사회를 비판하는 것, 그것이 철학이 아니고 무엇이겠는가?

이런 시각에서 다시 읽는《공산당선언*Manifest der Kommunistischen Partei*》은 마르크스 철학사상의 결정체이다. 물론 마르크스를 역사상 가장 영향력 있는 이데올로기적 사상가로 만든 것 역시 두말할 나위 없이《공산당선언》이다.《공산당선언》이 마르크스와 엥겔스Friedrich Engels의 공동 작품이기는 하지만, 엥겔스가 1883년 독일어판 서문에서 분명하게 밝히고 있는 것처럼 이 선언의 "근본 사상은 전적으로 마르크스의 것"이다. 이 근본 사상은 자유롭고 평등한 개인들의 연대를 꿈꾼 '유토피아적 사회주의'를 현실적 조건에 토대를 둔 '과학적 사회주의'로 전환시킨다. 이런 관점에서 보면, 여기에 함께 실린 엥겔스의《공산주의의 원칙》과 훗날 쓰인《공산당선언》서문들은 공산주의 이념의 계보를 선명하게 보여준다. 이 계보는 유토피아적 사상으로부터 태어난 어떤 이념이 이데올로기로 발전해가는 과정이기도 하다. 우리가 여기서 공산주의의 이데올로기를 거쳐 마르크스의 근본 사

상으로 돌아가고자 하는 까닭은 어쩌면 이 사상에 용해되어
있는 유토피아적 희망을 되살리고 싶기 때문일지도 모른다.

《공산당선언》은 시민혁명의 전야에, 지속적으로 이루어질
사회주의적 프롤레타리아 혁명을 촉발시키리라는 희망으로
쓰였지만, 혁명의 흐름에 영향을 주기에는 너무 늦게 나타났
다. 여기서 너무 늦었다는 것은 어떤 의미에서 당대의 정치
적 의식을 너무 앞서갔다는 것을 의미한다.

그렇다면 마르크스 사상의 아방가르드적 성격은 어디에
서 기인하는 것일까? 그가 단순히 공산주의 유토피아를 위
한 사회 혁명을 주장했기 때문일까? 오히려 그것은 마르크
스가 현실에 이데올로기적 이념을 단순히 대립시키는 교조
적 태도를 경계하고, 현실을 개혁할 수 있는 원리를 현실 자
체에서 끄집어내려는 과학적 태도를 견지했기 때문일 것이
다. 마르크스는 실제로, 혁명을 도덕적으로 호소한 당대의
다른 사상가들과는 달리 현대 역사의 결과를 대담하고 인상
적인 문장에 압축적으로 서술하여, 가능한 미래의 길을 제시
한다. 선언에는 이처럼 혁명에 대한 열정과 현실 분석의 냉
철함이 용해되어 있다. 그의 열정이 흥분하거나 인위적이지
않고 냉정한 까닭은 그것이 바로 그가 다루는 문제에서 나오
기 때문이다.

우리가 이데올로기적으로 왜곡된 마르크스주의의 숲을
헤치고 마르크스의 사상 자체로 돌아가야 하는 까닭이 여기

에 있다. 마르크스의 예언이 빗나갔음에도 불구하고 이 책이 여전히 읽을 만한 가치가 있다면, 그것은 그가 무엇보다 인간 해방의 문제를 '철저하게' 사유한 철학자이기 때문일 것이다. 그러므로 우리의 현실 속에 여전히 자본주의의 문제가 도사리고 있다면, 또 우리가 미래의 희망을 포기하지 않기 위해서라도 현실 문제를 올바로 파악할 필요가 있다면, 우리는 이 책에서 인간 해방의 가능성을 진지하게 사유하는 '철학자' 마르크스를 만나야 할 것이다.

궁산 기슭에서
옮긴이 이진우

제1장

공산당선언[1]

하나의 유령이 유럽을 떠돌고 있다―공산주의라는 유령이. 옛 유럽의 모든 세력이 연합하여 이 유령을 잡기 위한 성스러운 몰이사냥에 나섰다. 교황과 차르, 메테르니히Klemens Metternich와 기조François Guizot, 프랑스 급진파와 독일 경찰들이.

정권을 잡은 반대파들에게서 공산주의적이라고 비난받지 않은 야당이 어디 있으며, 좀 더 진보적인 반대파나 반동적인 적수들에게 공산주의라는 낙인을 찍으며 비난하지 않는 야당이 어디 있겠는가?

이러한 사실에서 두 개의 결론이 나온다.

공산주의는 모든 유럽 세력에게서 이미 하나의 권력으로 인정받았다.

그러므로 공산주의자들은 자신들의 견해와 목적 그리고 의도를 공공연하게 전 세계에 밝히고 공산주의 유령이라는 동화童話에 당 자신의 선언으로 맞서야 할 적기가 바로 지금인 것이다.

이런 목적으로 온갖 국적의 공산주의자들이 런던에 모여 영어, 프랑스어, 독일어, 이탈리아어, 플랑드르어, 덴마크어로 발표될 다음 선언문을 기초했다.

1. 부르주아와 프롤레타리아[2]

이제까지 사회의 모든 역사는 계급 투쟁의 역사이다.[3] 자유민과 노예, 세습 귀족과 평민, 남작과 농노, 동업자 조합원과 직인, 요컨대 억압자와 피억압자는 부단히 대립했으며, 때로는 은밀하게 때로는 공공연하게 끊임없이 투쟁을 벌여 왔다. 이 투쟁은 항상 전체 사회의 혁명적인 개조로 끝나거나 투쟁 계급들의 공동 몰락으로 귀결되었다.

지난 시대를 돌아볼 때 우리는 거의 어느 시기에나 사회가 여러 계층으로 완전히 구분되어 있으며 사회적 지위들은 다양한 등급으로 차등화되어 있음을 보게 된다. 고대 로마에는 세습 귀족, 귀족, 평민, 노예가 있었다. 중세에는 봉건 영주, 봉신, 동업자 조합 시민, 직인, 농노가 있었으며, 거기에다 각 계급은 다시 특수한 등급으로 나누어져 있었다.

봉건 사회가 몰락하면서 탄생한 현대 시민 사회는 이 계급 대립을 폐지하지 않았다. 이 사회는 다만 새로운 계급들, 새로운 억압 조건들, 새로운 투쟁 형태들로 낡은 것들을 대체했을 뿐이다.

그러나 우리 시대, 즉 부르주아지 시대는 이 계급 대립을 단순화했다는 점에서 두드러진다. 전체 사회는 점점 더 두 개의 커다란 적대 진영, 직접 대립하는 두 개의 계급, 즉 부르주아지와 프롤레타리아트로 분열하고 있다.

중세의 농노들이 초기 도시의 성외시민城外市民[4]이 되었다. 이 성외시민들에게서 부르주아지의 초기 요소들이 발전해 나왔다.

아메리카 발견, 아프리카 회항回航은 성장하던 부르주아지에게 새로운 영역을 열어주었다. 동인도 시장과 중국 시장, 아메리카의 식민지화, 식민지와의 교역, 교환 수단과 상품 일반의 증가로 상업과 해운, 공업은 미증유의 비약적 발전을 이루게 되었으며, 이로써 붕괴하던 봉건 사회 안에 있는 혁명적 요소들이 급속히 발전할 수 있는 기회를 가져다주었다.

종래의 봉건적 또는 동업자 조합의 방식으로 운영되던 공업은 새로운 시장과 함께 증가하는 수요에 대처하기에 충분치 않았다. 공장제 수공업인 매뉴팩처가 그 자리에 들어섰다. 동업자 조합의 장인들은 산업 중산층에게 밀려났다. 여러 하부 조합 간의 분업은 각 작업장 내의 분업 앞에서 자취를 감췄다.

그러나 시장은 지속적으로 성장하고 수요도 꾸준히 증가했다. 매뉴팩처도 이제 충분치 않게 되었다. 이때 증기와 기계가 산업 생산을 혁명적으로 변화시켰다. 매뉴팩처 대신 근대적인 대규모 공업이 들어서고 산업 중산층의 자리를 산업 백만장자들과 전체 산업 군단의 주역, 즉 근대 부르주아지가 차지했다.

대규모 공업은 아메리카의 발견으로 그 초석이 마련된 세계 시장을 창출했다. 세계 시장 덕분에 상업, 해운과 육상 교통은 헤아릴 수 없이 큰 발전을 이룩했다. 이 발전은 다시금 산업 확대에 영향을 미쳤으며, 산업, 상업, 해운과 철도 등이 신장하는 만큼 부르주아지도 발전했다. 그들은 그들의 자본을 증식시켰으며, 중세부터 내려오던 모든 계급을 뒷전으로 밀어냈다.

따라서 우리는 근대의 부르주아지 자체가 장구한 발전 과정의 산물이며, 생산 및 수송 방식에서 일어난 일련의 변혁의 산물임을 알게 된다.

이렇듯 부르주아지의 발전 단계마다 이 단계와 일치하는 정치적 진보가 병행했다. 부르주아지는 봉건 영주의 지배 아래에서는 억압받는 신분 계급이었고, 중세 자치도시 코뮌 Kommune[5]에서는 무장한 자치 연합체였으며, 어떤 곳에서는 독립적 도시 공화국이었고 어떤 곳에서는 군주국의 납세 의무를 지닌 제3의 신분이었다. 매뉴팩처의 시기에는 신분제

군주국이나 절대 군주국에서 귀족에 대한 평형추이면서 대군주국들의 주요한 토대였다. 그리고 마침내 현대적 대의제 국가에서 그들은 대규모 산업과 세계 시장이 갖추어진 이래 배타적인 정치적 지배권을 쟁취했다. 현대의 국가 권력은 전체 부르주아지의 공동 사업을 관장하는 위원회에 불과하다.

부르주아지는 역사적으로 매우 혁명적인 역할을 수행해왔다.

지배권을 얻은 부르주아지는 봉건적, 가부장제적인 그리고 목가적인 관계들을 모두 파괴했다. 그들은 타고난 상전들에게 사람들을 묶어놓던 갖가지 색깔의 봉건적 끈들을 가차 없이 끊어버렸고 인간과 인간 사이에 적나라한 이해관계, 무정한 '현금 지불' 외에 다른 어떤 끈도 남겨두지 않았다. 그들은 신앙심에서 우러나오는 경건한 광신, 기사의 열광, 속물적 애상의 성스러운 전율을 이기적 타산이라는 얼음같이 차가운 물 속에 익사시켰다. 부르주아지는 개인의 존엄을 교환 가치로 용해시켰고, 문서로 확인되고 정당하게 획득된 수많은 자유들을 단 하나의 비양심적인 상업 자유로 대체했다. 간단히 말해 그들은 종교적, 정치적 환상들로 은폐된 착취를 공공연하고 파렴치하며 직접적이고 무미건조한 착취로 바꿔놓았다.

부르주아지는 이제까지 존경받으며 경외의 대상이었던 모든 직업에서 그 신성한 후광을 걷어내 버렸다. 부르주아지는 의사, 법률가, 성직자, 시인, 학자 등을 자신들에게서 돈을 받는 임금 노동자로 바꿔놓았다.

부르주아지는 가족 관계 위에 드리워졌던 감동적이고 감상적인 베일을 찢고 그것을 순전한 금전 관계로 전환시켰다.

반동주의가 중세 시대에서 야만적인 힘의 표출을 그토록 경탄했다면, 부르주아지는 그런 힘의 표출이 나태하기 이를 데 없는 게으름뱅이 생활로 적절하게 보완되었다는 사실을 폭로했다. 인간의 활동이 무엇을 이룩할 수 있는지를 증명한 것도 그들이 처음이었다. 그들은 이집트의 피라미드, 로마의 수로, 고딕식 성당과는 전혀 다른 기적을 이루었으며, 민족 대이동과 십자군 원정과는 다른 원정을 수행했다.

부르주아지는 생산 도구, 즉 생산 관계, 다시 말하면 전체 사회 관계들을 지속적으로 변혁하지 않고는 존재할 수 없다. 이에 반해 낡은 생산 방식을 고수하는 것은 과거의 모든 산업 계급이 생존할 수 있는 첫째 조건이었다. 끊임없는 생산 변혁, 모든 사회적 상태의 부단한 동요, 영구적 불안정과 운동이 부르주아 시대를 과거의 모든 시대와 구분짓는 특징들이다. 굳고 녹슨 모든 관계 그리고 그 산물인 오래되고 신성한 관념들과 견해들은 해체되었고 새롭게 형성된 것은 굳기도 전에 낡은 것이 되어버린다. 신분적이고 정체된 것은 모두 증발하고 신성한 것은 모두 모독당하며, 그래서 사람들은 마침내 자신들의 사회적 지위, 상호 관계를 좀 더 냉철한 눈으로 바라보지 않을 수 없게 되었다.

생산품의 판로를 끊임없이 확장하려는 욕구가 부르주아지를 전 세계로 내몬다. 그들은 도처에 둥지를 틀어야 하고 도처에 정착해야 하며 도처에 관계를 형성해야 한다.

부르주아지는 세계 시장을 착취함으로써 모든 국가의 생산과 소비를 범세계적으로 조직했다. 반동주의자들에게는 대단히 유감스럽게도 그들은 산업의 국가적 토대를 허물어뜨렸다. 태고의 국가 산업은 파괴되었고 지금도 매일 파괴되고 있다. 그것은 새로운 산업, 즉 본토의 원료가 아니라 멀리 떨어진 지대의 원료를 가공하고, 그 가공된 제품이 자국뿐만 아니라 모든 대륙에서 동시에 소비되는 산업에게 밀려난 것이다. 이 새로운 산업의 도입은 모든 문명국의 생사가 걸린 문제이다. 국산품으로 충족되었던 과거의 욕구들 대신 새로운 욕구가 들어선다. 이 새로운 욕구를 충족시키려면 먼 나라와 토양의 생산물들이 필요하다. 과거의 지역적이고 국가적인 자족과 고립을 국가들 상호 간의 전면적 교류, 전면적 의존이 대체한다. 물질적인 생산에서도 그렇고 정신적인 생산에서도 그렇다. 어느 한 국가의 정신적 창작물은 공동 재산이 된다. 국가적 일면성과 제한은 점점 더 불가능하게 되고, 많은 국민 문학과 지방 문학이 모여 하나의 세계 문학을 이룬다.

부르주아지는 모든 생산 도구의 급속한 개선을 통해, 끝없이 용이해지는 통신으로 가장 미개한 국가들까지 문명 속으로 편입시켰다. 그들이 생산한 상품의 저렴한 가격은 모든 만리장성을 무너뜨리고 야만인들이 외국인에게 품고 있는 견고한 증오를 굴복시키는 강력한 대포이다. 그들은 망하지 않으려면 부르주아지의 생산 방식을 받아들이라고 모든 국가에게 강요한다. 그들은 이 국가들에게 이른바 문명을 도입하라고, 다시 말해 부르주아지가 되라고 강요한다. 한마디로 부르주아지는 자신들의 형상에 따라 하나의 세계를 창조하고 있다.

부르주아지는 농촌을 도시의 지배 아래 종속시켰다. 그들은 거대한 도시들을 건설했고, 농촌 주민의 수에 비해 도시 주민의 수를 크게 증가시켰으며, 그렇게 하여 인구의 상당 부분을 농촌 생활의 우매함에서 떼어놓았다. 그들이 농촌을 도시에 의존하게 만들었듯이, 야만적이고 반半야만적인 나라들을 문명 국가들에, 농업 민족들을 부르주아 민족들에, 동양을 서양에 의존하게 만들었다.

부르주아지는 생산 수단, 소유 및 인구의 분산을 더욱더 지양한다. 그들은 인구를 밀집시키고, 생산 수단을 한곳으로 모으고, 소유를 소수의 손에 집중시켰다. 그 필연적 결과가 정치적 중앙집중화이다. 서로 다른 이해관계, 상이한 법률, 정부 및 관세 제도를 가지고 다만 상호 동맹 관계에 있을 뿐인 지방들이 합쳐 하나의 국가, 하나의 정부, 하나의 법, 하나의 국가적 계급 이해, 하나의 관세 구역이 되었다.

부르주아지는 백 년도 채 안 되는 지배 기간 동안 과거의 모든 세대가 함께 이룩한 것보다 더 엄청나고 더 거대한 생산력을 산출했다. 자연력의 정복, 기계 장치, 산업과 농경 분야에서 화학의 응용, 기선 항해, 철도, 전신, 전체 대륙의 개간, 하천의 운하화, 마치 땅에서 솟아오른 듯한 인구의 폭발적 증가─이런 생산력이 사회 노동의 품에서 잠들어 있었다는 것을 이전의 어느 세기가 알아챘을까.

우리는 이제 알게 되었다. 부르주아지를 양성한 토대인 생산 수단과 교류 수단은 봉건 사회에서 생성되었다. 이 생산 및 교류 수단이 발전해가는 어느 특정한 단계에서는 봉건 사회가 생산하고 교환하는 관계들, 농업과 매뉴팩처의 봉건적 조직, 한마디로 봉건적인 소유 관계는 이미 발전한 생산력과 더 이상 일치하지 않는다. 이 관계는 생산을 장려하지 않고 저지한다. 그것들은 그만큼 무수한 족쇄들로 변해버렸다. 그것들은 폭파되어야 했고, 폭파되었다.

그 대신에 자유 경쟁이 등장했으며, 동시에 이에 걸맞은 사회적, 정치적 기구와 부르주아 계급의 경제적, 정치적 지배가 들어섰다.

우리의 눈앞에서 이와 유사한 운동이 전개되고 있다. 시민적 생산 및 교류 관계, 시민적 소유 관계, 현대적 시민 사회는 그토록 엄청난 생산 및 교류 수단을 마법을 써서 감쪽같이 만들어냈지만, 그것들은 자신이 주문을 외워 불러낸 지하 세계의 폭력을 더 이상 제어할 수 없는 마법사와 같다. 지난 수십 년 동안 산업과 상업의 역사는 현대적 생산력이 현대의 생산 관계, 부르주아지와 그들의 지배의 생존 조건인 소유 관계에 격분하여 저항한 역사이다. 주기적으로 반복되면서 점점 더 위협적으로 전체 시민 사회의 실존을 문제시하는 상업 공황을 거론하는 것으로 충분할 것이다. 상업 공황이 오면 이미 생산된 상품의 상당 부분뿐만 아니라 심지어 이미 창출된 생산력까지도 정기적으로 파괴된다. 공황에 처하면 이전의 모든 시대의 관점에서 볼 때 불합리하게 보였을 법한 사회적 전염병, 즉 과잉 생산이라는 전염병이 발생한다. 사회는 갑자기 일순간의 야만 상태로 후퇴했음을 알게 된다. 기아와 일반적인 파괴의 열풍은 사회에 보급되는 모든 생계 수단을 차단한 것처럼 보인다. 산업과 상업은 파괴된 것처럼 보인다. 왜? 사회가 너무 많은 문명, 너무 많은 생활 수단, 너무 많은 산업, 너무 많은 상업을 소유하고 있기 때문이다. 사회가 쓸 수 있는 생산력은 이제 더 이상 시민의 문명과 시민의 소유 관계의 장려를 위해 봉사하지 않는다. 반대로 이 생산력은 이런 관계들이 감당하기에 너무 강력해져 있으며, 이 관계들은 생산력에 방해가 된다. 생산력은 방해를 극복하자마자 전체 시민 사회를 혼란에 빠뜨리며 시민적 소유의 존재를 위태롭게 한다. 시민적 관계들은 자신들이 생산한 부를 수용하기에는 너무 협소해졌다. 부르주아지는 이 위기를 무엇으로 극복하는가? 한편으로는 대량의 생산력을 어쩔 수 없이 파괴함으로써, 다른 한편으로는 새로운 시장을 정복하고 옛 시장을 좀 더 철저하게 착취함으로써 그리고 또 무엇을 통해? 더 전면적이고 더 강력한 공황을 준비하고 이 공황을 예방하기 위한 수단을 감소시킴으로써.

부르주아지가 봉건주의를 타도할 때 사용했던 무기가 이제 부르주아지 자신들을 겨누고 있다.

그러나 부르주아지는 자신들에게 죽음을 가져올 무기만을 만들어낸 것은 아니다. 그들은 이 무기를 들게 될 사람들, 즉 현대의 노동자인 프롤레타리아를 낳은 것이다.

부르주아지, 즉 자본이 발전하는 정도에 비례하여 프롤레타리아트, 즉 현대의 노동자 계급도 발전한다. 이들은 일자리를 찾는 한에서만 생존하며, 자신들의 노동이 자본을 증식시키는 한에서만 노동을 발견할 수 있는 계급이다. 자신을 한 조각씩 팔아야 하는 이 노동자들은 다른 여느 판매품과 같은 상품이며, 그래서 마찬가지로 경쟁의 모든 부침, 시장의 모든 변동에 내맡겨져 있다.

프롤레타리아의 노동은 기계 장치의 확대와 분업으로 자립성을 상실했고 따라서 노동자들에게도 매력을 상실했다. 그들은 기계의 단순한 부품이 되었는데, 이 부품에게 요구되는 것은 가장 단순하고 가장 단조로우며 가장 쉽게 배울 수 있는 손동작일 뿐이다. 그러므로 노동자로 인해 발생하는 비용은 그들의 생계와 종족 번식을 위해 필요한 생활 수단으로만 거의 제한된다. 한 상품의 가격, 즉 노동의 가격[6]도 그것의 생산 비용과 같다. 따라서 임금은 노동이 혐오스러워지는 정도만큼 줄어든다. 나아가 기계 장치와 분업이 증가하는 정도만큼, 노동 시간의 증가를 통해서든 주어진 시간에 요구되는 노동의 증가 때문이든 또는 빨라진 기계 운전 때문이든 노동의 양 또한 증가한다.

현대 산업은 가부장적 장인의 소규모 작업실을 산업 자본주의자들의 거대한 공장으로 바꾸었다. 공장에 밀집한 노동자 대중은 군대식으로 조직되었다. 그들은 산업 사병들로서 하사관들과 장교들로 구성된 완전한 위계 질서의 감시 아래 놓였다. 그들은 부르주아 계급, 부르주아 국가의 종일 뿐만 아니라 매일 매시간 기계와 감독자, 특히 공장을 운영하는 개별 부르주아의 종으로 살아간다. 이 전제 정치는 그들의 목적이 영리라고 공공연하게 선포하면 할수록 더욱더 편협하고 혐오스럽고 잔인한 것이 된다.

수공 노동이 숙련성과 힘의 과시를 덜 요구할수록, 다시 말해 현대 산업이 발전할수록, 그만큼 더 남성의 노동은 여성의 노동에 밀려난다. 성별과 연령 차이는 노동 계급에게 어떤 사회적 효력도 발휘하지 못한다. 나이와 성에 따라 드는 비용이 달라지는 노동 도구만이 있을 뿐이다.

노동자가 자신의 임금을 현찰로 지불받는 것으로 노동자에 대한 공장주의 착취가 끝나면, 부르주아지의 다른 집단들, 집주인, 소매 상인, 전당업자 등이 달려든다.

종래 하층의 중간 신분들, 소기업가들, 상인과 연금 생활자들, 수공업자들과 농부들, 이 모든 계급은 프롤레타리아로 전락한다. 이는 부분적으로 그들의 소자본이 대규모 공업의 경영에 충분치 않아 대자본가들과의 경쟁에서 패하기 때문이며, 부분적으로는 그들의 숙련성이 새로운 생산 방식의 등장으로 가치가 떨어졌기 때문이다. 그렇게 하여 프롤레타리아는 모든 계급의 주민들로 충원된다.

프롤레타리아 계급은 여러 발전 단계를 거친다. 부르주아지에 대한 그들의 투쟁은 그들의 존재와 더불어 시작된다.

초기에는 노동자 개개인들이 투쟁하지만 그다음에는 한 공장의 노동자들이, 그리고 한 지역의 한 노동 부문의 노동자들이 자신들을 직접 착취하는 어떤 부르주아 개인에 대항하여 투쟁한다. 그들의 투쟁은 시민적 생산 관계만을 겨냥하지 않는다. 그들은 생산 도구 자체에 대항하여 투쟁을 전개한다. 그들은 경쟁하는 외국 상품들을 파괴하고 기계를 부수며 공장에 불을 지르고 몰락한 중세 노동자의 지위를 다시 얻으려 애쓴다.

이 단계의 노동자들은 나라 전역으로 뿔뿔이 흩어지고 경쟁으로 분열된 대중이다. 노동자들의 대중적 결속은 그들 스스로의 단결의 결과가 아니라 부르주아지가 단결한 결과이다. 부르주아지는 자신들의 정치적 목적을 이루기 위해 전체 프롤레타리아 계급을 동원했으며 또 당분간 여전히 그렇게 할 수 있을 것이다. 이 단계에서 프롤레타리아는 적들과 투쟁하는 것이 아니라 자기 적의 적들, 절대 왕정의 잔재들, 지주들, 비非산업 부르주아지, 소시민들과 싸우는 것이다. 그렇게 하여 역사의 운동 전체는 부르주아지의 손에 집중된다. 그렇게 쟁취한 모든 승리는 부르주아지의 승리이다.

그러나 산업 발전과 함께 프롤레타리아 계급이 수적으로 증가하는 것만은 아니다. 프롤레타리아 계급은 더 거대한 대중으로 군집하고, 더 힘이 커지며, 그만큼 자신의 힘을 더 느끼게 된다. 기계 장치가 노동의 차이를 점점 더 없애고, 임금 수준을 거의 모든 곳에서 똑같이 낮은 수준으로 떨어뜨리면서, 프롤레타리아 계급 안에서의 이해관계와 생활 처지는 점차 더 비슷해진다. 부르주아들의 상호 경쟁이 심해지고 그로 말미암아 발생하는 상업 공황들은 노동자들의 임금을 불안정하게 만든다. 급속한 발전을 거듭하고 끊임없이 개선되는 기계 장치는 그들의 사회적 지위를 점점 더 불확실하게 하며, 개별적인 노동자와 개별적인 부르주아 간의 충돌은 증가하면서 점차 두 계급 간의 충돌이라는 성격을 띠게 된다. 이로써 노동자들은 부르주아지에 대항하여 서로 동맹 관계를 맺기 시작한다. 그들은 임금을 고수하기 위해 함께 행동하며 때때로 발생하는 봉기에 보급품을 지원하기 위해 상설 연합체를 결성한다. 곳에 따라 투쟁은 폭동으로 분출된다.

이따금 노동자들이 승리하기도 하지만, 그 승리는 다만 잠정적일 뿐이다. 그들의 투쟁의 진정한 결과는 직접적인 성공에 있는 것이 아니라 노동자들의 단결이 점점 더 확산되는 것에 있다. 노동자들의 단결을 촉진하는 것은 교통 수단의 확대이다. 대규모 산업이 가져다준 교통 수단의 확대는 다른 지역의 노동자들을 서로 연계시켜준다. 단순히 연계만 되면, 항상 동일한 성격을 지닌 수많은 지역 투쟁들은 하나의 국가적 투쟁, 하나의 계급 투쟁으로 중앙 집중화한다. 그러나 모든 계급 투쟁은 정치 투쟁이다. 중세의 시민들이 지방 도로로 수백 년에 걸쳐 이루어냈던 단결을 현대의 프롤레타리아는 철도를 가지고 단 몇 년 안에 성사시켰던 것이다.

프롤레타리아는 이처럼 계급으로 또 이를 통해 정당으로 조직되지만, 그것은 노동자들 자신의 경쟁으로 매번 다시 파괴된다. 그러나 이 조직은 더욱 강하고 더욱 견고하고 더욱 강력한 형태로 항상 다시 일어선다. 그것은 부르주아지 자체의 분열을 이용함으로써 노동자들의 개별적 이해관계를 법의 형태로 인정할 것을 강요한다. 이렇게 하여 영국에서 10시간 법이 탄생했다.

낡은 사회 내부의 충돌 자체는 여러 면에서 프롤레타리아 계급의 발전을 촉진한다. 부르주아지는 부단한 투쟁 상태에 처해 있다. 처음에는 귀족 계급에 대항하여, 나중에는 산업적 진보와 대립되는 이해관계를 가진 다른 집단의 부르주아지에 대항하여 투쟁을 벌였다. 그리고 항상 모든 외국 부르주아지와 투쟁 상태에 있었다. 이 모든 투쟁을 전개하면서 그들은 프롤레타리아 계급에게 호소하고 그들의 지원을 요구하며, 이렇게 그들을 정치 투쟁의 장으로 끌어들일 수밖에 없다는 것을 알게 되었다. 다시 말해 그들 스스로 자신들이 습득한 교양의 요소들, 즉 자신들에게 대항하는 무기를 프롤레타리아 계급에게 건네준 것이다.

더 나아가, 우리가 이제까지 살펴보았듯이 산업의 진보로 말미암아 지배 계급의 전체 구성원들은 프롤레타리아 계급으로 추락하거나, 적어도 그들의 생활 조건을 위협받게 된다. 이들 역시 프롤레타리아 계급에게 대량의 교양 요소를 제공한다.

마침내 계급 투쟁의 결전이 가까워지는 시기에는 지배 계급과 낡은 사회 전체 안에서 전개되던 해체 과정이 매우 격렬하고 날카로운 양상을 띠기 때문에 지배 계급의 일부가 떨어져 나와 혁명 계급, 즉 미래를 손에 쥔 계급의 대열에 합류한다. 그래서 과거에 귀족의 일부가 부르주아지로 넘어갔듯이 이제 부르주아지의 일부가, 특히 힘겹게 노력하여 전체 역사 운동의 이론적 이해에 이른 부르주아 이데올로기 이론가들 일부가 프롤레타리아 계급으로 넘어간다.

오늘날 부르주아지와 대립하는 모든 계급 가운데 오직 프롤레타리아 계급만이 진정으로 혁명적이다. 나머지 계급들은 대규모 산업과 함께 쇠퇴하고 몰락한다. 프롤레타리아 계급이 이 대규모 산업의 가장 진정한 산물인 것이다.

중산층, 소기업가, 소상인, 수공업자, 농부 들은 모두 중산층으로 살아가는 자신들의 존재가 몰락하지 않도록 부르주아지와 싸웠다. 다시 말해 이들은 혁명적이지 않고 보수적이다. 게다가 그들은 반동적이어서 역사의 바퀴를 뒤로 돌리려 애쓴다. 그들이 혁명적이라면, 그것은 그들에게 곧 닥칠 프롤레타리아 계급으로의 이행과 관련해서 그렇다. 그래서 그들은 현재의 이해관계를 수호하는 것이 아니라 미래의 이해관계를 수호하고, 프롤레타리아 계급의 관점에 서기 위해 자신들의 관점을 포기한다.

룸펜프롤레타리아 계급, 즉 낡은 사회의 최하위 계층 가운데 수동적으로 부패한 이 계층이 프롤레타리아 혁명에 휘말리는 경우도 간혹 있었지만, 그들은 자신의 생활 처지에 따라 기꺼이 반동적인 음모에 매수될 것이다.

구 사회의 생활 조건들은 이미 프롤레타리아 계급의 생활 조건 속에서 소멸되었다. 프롤레타리아에게는 재산이 없다. 여성과 아이에 대한 그의 관계는 시민의 가족 관계와 더 이상 아무 공통점이 없다. 영국이나 프랑스, 미국이나 독일에서 똑같은 형태로 행해지는 현대적 산업 노동, 현대적인 자본의 억압은 그에게서 국민적 성격을 벗겨냈다. 법, 도덕, 종교는 그만큼 많은 수의 시민적 이해관계를 감추고 있는 수많은 시민적 편견들이다.

지배를 쟁취했던 과거의 모든 계급은 자신들의 영리를 얻기 위한 조건에 전체 사회를 예속시킴으로써 이미 획득한 사회적 지위를 다지려 했다. 프롤레타리아는 지금까지의 자신들의 소유권 획득 방식 그리고 이와 함께 지금까지의 전체 소유권 획득 방식을 버림으로써 사회적 생산력을 획득할 수 있다. 프롤레타리아가 자기 것으로 지킬 만한 것은 아무것도 없다. 그들은 종래의 모든 사적인 안전과 사적인 보장을 파괴해야 한다.

이제까지의 모든 운동은 소수의 운동이었거나 소수의 이해관계를 위한 운동이었다. 프롤레타리아 운동은 엄청난 다수의 이해관계를 위한 엄청난 다수의 자립적인 운동이다. 현 사회에서 최하위 계층인 프롤레타리아 계급은 공식적인 사회를 이루는 계층의 전체 상부 구조를 폭파시키지 않고서는 일어날 수도 없고 똑바로 설 수도 없다.

내용상으로는 그렇지 않더라도 형식상으로 보면 부르주아에 대한 프롤레타리아의 계급 투쟁은 국가 내부적 투쟁이다. 물론 각국의 프롤레타리아 계급은 우선 자국의 부르주아지와 끝장을 봐야 한다.

우리는 프롤레타리아 계급의 발전을 가장 일반적인 단계

들로 그려보면서, 기존 사회 내에서 다소 은밀한 형태로 전개되던 내전이 하나의 공공연한 혁명으로 분출하고 부르주아지를 폭력적으로 타도함으로써 프롤레타리아 계급이 지배를 확립하는 과정을 추적했다.

살펴보았듯이, 이제까지의 모든 사회는 억압 계급과 피억압 계급의 대립에 근거를 두었다. 그러나 하나의 계급을 억압할 수 있기 위해서는, 그 계급이 적어도 노예적 실존을 이어갈 수 있는 조건들은 보장되어 있어야 한다. 농노는 농노의 신분으로 어렵게 코뮌의 일원이 되었고, 마찬가지로 소시민은 봉건적 절대왕정의 억압 아래에서 부르주아지가 되었다. 이에 반해 현대 노동자들은 산업 발전과 더불어 지위가 올라가는 대신에 자신의 계급이 처해 있던 조건보다 더 못한 처지로 깊이 추락하고 있다. 노동자는 빈민이 되고, 사회적 빈곤은 인구와 부가 증가하는 것보다 더 빠른 속도로 확대되고 있다. 이와 함께 명백히 드러나는 사실은 부르주아지가 더 이상 사회의 지배 계급으로 머물 능력이 없으며 자기 계급의 생활 조건을 규제적 법칙으로 사회에 강요할 능력이 없다는 것이다. 부르주아지는 자신의 노예에게 노예 상태로서의 실존을 보장해줄 수 없기 때문에, 또 노예에게 부양받는 대신에 자신이 노예를 부양해야 하는 상태로 노예를 전락시킬 수밖에 없기 때문에, 지배 능력을 상실한 것이다. 사회는 이제 더 이상 부르주아지 밑에서 살아갈 수 없다. 다시 말해 부르주아지의 삶은 더 이상 사회와 양립할 수 없다.

부르주아 계급의 실존과 지배에 가장 필수적인 근본 조건은 부가 사적 개인의 수중에 축적되고, 자본이 형성되어 증가하는 것이다. 자본의 조건은 임금 노동이다. 임금 노동은 오로지 노동자들 간의 경쟁에 근거한다. 산업의 진보는—저항 없이 그리고 자기 의지도 없이 이 진보를 지탱하는 지주는 부르주아지이다—경쟁을 통해 노동자를 고립시키는 대신에 연합을 통해 그들을 혁명적으로 단결시킨다. 부르주아지가 생산하고 생산품을 취득하는 토대 자체가 대규모 산업의 발전과 더불어 그들의 발밑에서 허물어졌다. 그들은 무엇보다 자신들의 무덤을 파는 사람들을 스스로 만들어낸 것이다. 그들의 몰락과 프롤레타리아 계급의 승리는 마찬가지로 불가피한 것이다.

2. 프롤레타리아와 공산주의자

공산주의자들은 프롤레타리아 일반과 어떤 관계에 있는가?

공산주의자들은 다른 노동자 정당들에 비해 특별한 정당이 아니다.

그들은 전체 프롤레타리아 계급의 이해관계와 동떨어진

이해관계를 가지고 있는 것이 아니다.

그들은 어떤 특별한 원칙을 세우고 거기에 따라 프롤레타리아 운동을 짜 맞추려 하지 않는다.

공산주의자들은 그 밖의 프롤레타리아 정당들과 오로지 다음의 사실로 구별된다. 그들은 프롤레타리아들이 각각 전개하는 다양한 국내 투쟁에서 국적과는 무관한 전체 프롤레타리아 계급의 공동 이해관계를 강조하고 관철하는 한편, 프롤레타리아 계급과 부르주아지 간의 투쟁이 거쳐온 여러 발전 과정에서 항상 전체 운동의 이해관계를 대변한다.

다시 말해 공산주의자들은 실제로 모든 나라의 노동자 정당들 가운데 가장 단호하고 추진력이 강하다. 그들은 프롤레타리아 계급의 나머지 대중들보다 앞서 프롤레타리아 운동의 조건, 경로와 보편적인 결과를 이론적으로 통찰하고 있다.

공산주의자들의 다음 목적은 나머지 모든 프롤레타리아 정당들과 동일하다. 즉 프롤레타리아트를 계급으로 만들고 부르주아지 지배를 타도하며 프롤레타리아트를 통해 정치 권력을 정복하는 것이다.

공산주의자들의 이론적 명제들은 이런저런 세계 개혁가들이 고안하거나 발견한 원칙들이나 이념들에 의거하지 않는다.

그것들은 존재하는 계급 투쟁, 즉 우리의 눈앞에서 진행되는 역사 운동의 실질적 관계를 일반적으로 표현했을 뿐이다.

이제까지의 소유 관계들을 폐지하는 것이 공산주의의 고유한 특징은 아니다.

모든 소유 관계는 지속적인 역사 변동, 지속적인 역사 변화의 지배하에 있다.

예컨대 프랑스 혁명은 시민의 소유를 위해 봉건 소유를 철폐했다.

공산주의를 특징짓는 것은 소유 일반의 폐지가 아니라 시민적 소유의 폐지다.

그러나 현대적 시민의 사적 소유는 계급 대립, 다른 계급들에 대한 한 계급의 착취에 기반을 둔 생산품의 제조와 획득의 최종적인 가장 완성된 표현이다.

이런 의미에서 공산주의자들은 자신의 이론을 사적 소유 폐지라는 하나의 표현으로 요약할 수 있다.

사람들은 우리 공산주의자들에게 개인적으로 획득한, 스스로 열심히 노력하여 얻은 모든 개인적 자유, 활동과 자립성의 토대가 되는 소유를 폐지하려 한다고 비난했다. 힘들게 일하여 얻고 스스로 번 소유! 너희는 시민의 소유보다 먼저 있었던 소시민의, 소농민의 소유를 말하는가? 우리가 그것을 철폐할 필요는 없다. 산업 발전이 그것을 이미 철폐했고 매일매일 철폐하고 있다.

아니면 너희는 현대 시민의 사적 소유를 말하는 것인가?

그러나 임금 노동, 프롤레타리아의 노동이 그에게 소유를 가져다주었는가? 결코 그렇지 않다. 그것은 자본, 즉 임금 노동을 착취하고 새로운 임금 노동을 산출하여 다시금 그것을 착취하는 조건하에서만 증식할 수 있는 소유를 산출했다. 현재 형태의 소유는 자본과 임금 노동의 대립 속에서 움직인다. 이 대립의 양면을 고찰해보자. 자본주의자로 존재한다는 것은 생산에서 순수하게 개인적인 지위뿐만 아니라 사회적인 지위도 차지한다는 것을 의미한다. 자본은 공동의 산물이며 오로지 많은 구성원의 공동 활동을 통해, 결국 사회 전체 구성원들의 공동 활동을 통해서만 비로소 가동될 수 있다.

그러므로 자본은 개인적인 권력이 아니라 사회적인 권력인 것이다.

따라서 자본이 사회 모든 구성원에게 속하는 공동 재산으로 변한다고 해서 개인의 재산이 사회의 재산으로 변하는 것은 아니다. 단지 재산의 사회적 성격이 변할 뿐이다. 그것은 계급적 성격을 상실하는 것이다.

임금 노동의 문제로 가보자.

임금 노동의 평균 가격은 노동 임금의 최소치, 즉 노동자들이 생존하는 데 필요한 생활 수단의 총계이다. 다시 말해 임금 노동자가 자신의 활동으로 취득하는 것은 겨우 자신의 헐벗은 삶을 재생산하는 데에만 충분할 뿐이다. 우리는 직접적인 삶의 재생산을 위해 노동 생산품을 개인적으로 취득하는 것, 즉 타인의 노동에 대한 지배권을 부여할 수 있는 순수익을 전혀 남기지 않는 취득을 폐지하려는 것이 결코 아니다. 우리는 다만 이런 취득의 비참한 성격을 없애고자 하는 것이다. 이런 취득 방식 속에서 노동자들은 자본을 증식시키기 위해 살 뿐이며, 지배 계급의 이해관계가 요구하는 정도로만 살아간다.

시민 사회에서 살아 있는 노동은 다만 축적된 노동을 증식시키는 수단일 뿐이다. 공산주의 사회에서 축적된 노동은 노동자의 삶의 과정을 풍요롭게 하고 장려하는 수단일 뿐이다.

따라서 시민 사회에서는 과거가 현재를 지배하지만, 공산주의 사회에서는 현재가 과거를 지배한다. 시민 사회에서 자본은 자립적이고 인격적인 반면, 활동하는 개인은 비자립적이고 비인격적이다.

이런 관계의 폐지를 부르주아지는 인격과 자유의 폐지라고 말한다! 이는 정당하다. 어쨌든 여기에서는 부르주아지 인격, 부르주아지 자립성과 부르주아지 자유의 폐지가 문제된다.

현재의 시민적 생산 관계에서 우리는 자유를 자유로운 상업, 자유로운 판매와 구매라고 이해한다.

상행위가 없어지면, 자유로운 상행위도 없어지게 마련이다. 자유로운 상행위에 대한 상투어들은 우리의 부르주아지가 자유에 대해 떠벌리고 있는 그 밖의 모든 허풍처럼, 제한된 상행위 및 종으로 지내던 중세의 시민에게만 의미를 가질 뿐, 공산주의가 거래를 폐지하고 시민적 생산 관계와 부르주 아지 자체를 폐지하는 것에 비하면 아무런 의미도 없다.

너희는 우리가 사적 소유를 청산하려 한다고 경악한다. 그러나 너희의 기존 사회에서 사적 소유는 구성원의 10분의 9에게는 이미 폐지되었다. 10분의 9에게는 사적 소유가 존재하지 않는 까닭에 사적 소유가 존재할 수 있는 것이다. 다시 말해 너희는 사회의 압도적 다수의 무소유를 필수 조건으로 전제하는 소유를 우리가 폐지하려 한다고 비난하고 있는 것이다.

간단히 말해 너희는 우리가 너희의 소유를 폐지하려 한다고 비난하는 것이다. 어쨌든 우리가 원하는 것은 그것이다.

노동이 더 이상 자본, 화폐, 지대, 간단히 말해 독점할 수 있는 사회 권력으로 바뀔 수 없는 순간부터, 다시 말해 개인적 재산이 시민적 재산으로 전환될 수 없는 순간부터, 바로 그 순간부터 너희는 인격이 폐지되었다고 천명한다.

그러므로 너희는 인격을 부르주아, 즉 시민적 소유자 외의 그 누구로도 이해하지 않는다고 고백하는 것이다. 그렇지만 이러한 인격은 폐지되어야 한다.

공산주의는 어떤 사람에게서도 사회적 생산물을 취득할 권력을 빼앗지 않는다. 다만 그것은 이 취득을 통해 타인의 노동을 자신에게 예속시키려는 권력을 빼앗는 것이다.

사람들은 사적 소유의 폐지와 함께 모든 활동이 중단될 것이며 총체적인 태만이 만연할 것이라고 항변했다.

그렇다고 한다면 시민 사회는 이미 오래전에 나태함으로 인해 몰락했어야만 할 것이다. 왜냐하면 그 사회에서 노동하는 사람들은 벌지 않으며, 거기서 버는 사람들은 일하지 않기 때문이다. 모든 우려는 동어반복으로 귀결되는데, 그것은 자본이 더 이상 없으면 곧 임금 노동 또한 더 이상 없으리라는 것이다.

물질적 생산물의 공산주의적 취득 및 생산 방식을 향해 쏟아지는 모든 비난은 마찬가지로 정신적 생산물의 취득과 생산으로 확대되었다. 부르주아에게 계급 소유의 중지가 생산 자체의 중지이듯이, 그에게 계급 교육을 중단함은 교육 자체를 중지하는 것과 같다.

부르주아지는 교육의 상실을 유감으로 생각하지만, 그 교육이란 엄청난 수의 사람들에게는 기계로 양성되는 것을 뜻한다.

너희 시민이 생각하는 자유나 교육, 법 등을 잣대로 시민적 재산의 폐지를 평가하면서 우리와 싸우려 하지 말라. 너희의 법이 단지 법률로 끌어올려져 찬양되고 있는 너희 계급의 의지이듯―이 의지의 내용은 너희 계급의 물질적 생활 조건 속에 이미 주어져 있다―너희의 이념 자체가 시민적 생산 관계와 소유 관계의 산물인 것이다.

너희는 이해관계에 따른 관념으로 너희의 생산 및 소유 관계를 생산 과정에서 거쳐 가는 역사적이고 일시적인 관계에서 영원한 자연법과 이성법으로 변신시키는데, 너희는 이런 관념을 몰락한 모든 지배 계급과 공유하고 있다. 너희가 고대의 소유에 대해 파악하는 것, 너희가 봉건적 소유에 대해 이해하는 것으로 시민적 소유를 파악해서는 안 된다.

가족 폐지! 가장 급진적인 사람들조차 공산주의자들의 이 파렴치한 의도에는 격분한다.

현재의 가족, 시민 가족은 어디에 근거를 두고 있는가? 자본에, 사적 영리에. 완벽하게 발전된 형태의 가족은 오로지 부르주아지에게만 존재한다. 그러나 이를 보충해주는 것은 프롤레타리아의 강요된 가족 부재와 공공 매춘이다.

물론 부르주아지의 가족은 이 보충물이 없어지면 따라 없어지고, 둘 다 자본의 소멸과 함께 사라진다.

너희는 부모가 자식들을 착취하지 못하게 막으려 한다고 우리를 비난하는가? 우리는 이 죄를 시인한다. 그러나 너희는 우리가 가정 교육을 사회 교육으로 대체하면서 가장 친밀한 관계를 없애려 한다고 말했다.

그런데 너희의 교육도 사회를 통해 규정되지 않는가? 너희의 교육 환경을 구성하는 사회적 관계를 통해 또 학교를 매개로 사회가 좀 더 직접적으로 또는 좀 더 간접적으로 개입함으로써 너희의 교육도 규정되지 않는가? 교육에 대한 사회의 작용을 공산주의자들이 창안한 것은 아니다. 그들은 다만 교육의 성격을 바꾼 것이다. 그들은 교육을 지배 계급의 영향에서 떼어놓은 것이다.

대규모 산업으로 프롤레타리아들의 가족적 유대가 모두 끊어지고 아이들이 단순한 상품이나 노동 도구로 전환될수록, 가족과 교육, 부모와 자식 간의 친밀한 관계를 말하는 시민적 상투어들은 더욱 역겨운 것이 된다.

그러나 너희 공산주의자들은 부인 공유제를 도입하려 한다고 부르주아지 전체가 한목소리로 우리에게 외쳐댄다.

부르주아는 자기 아내에게서 단순한 생산 도구의 모습만을 본다. 그들은 생산 도구들을 공동으로 착취해야 한다는 말을 듣고 여성들도 공유의 운명에 처하게 될 것이라고밖에는 생각할 수 없을 것이다.

부르주아는 단순한 생산 도구로서의 여성의 지위를 지양하려는 것이 중요한 문제임을 알아채지 못한다. 게다가 이른바 공산주의자들의 공식적인 부인 공유제에 우리의 부르주아들이 고결한 도덕심에서 경악하는 것보다 더 우스운 것은 없다. 공산주의자들이 부인 공유제를 도입할 필요는 없다. 그것은 거의 언제나 존재해왔다.

공공 매춘에 대해서는 말할 필요도 없고 프롤레타리아들의 아내와 딸들을 마음대로 이용하는 것으로 만족하지 못하는 우리의 부르주아들은 자기 아내들을 서로 유혹하는 것을 주요 오락거리로 삼는다.

시민적 결혼은 실제로 아내를 공유하는 것이다. 공산주의자들에게서 비난할 수 있는 점은 기껏해야 위선적으로 감춰진 부인 공유제Weibergemeinschaft 대신 공식적이고 공명정대하게 부인 공유제를 도입하려 한다는 것이다. 아무튼 현재의 생산 관계를 철폐하면서 여기서 파생된 부인 공유제, 즉 공식적·비공식적인 매춘도 사라질 것임은 분명한 사실이다.

더 나아가 공산주의자들은 조국과 국적을 없애려 한다고 비난받고 있다.

노동자들에게는 조국이 없다. 그들이 가지고 있지도 않은 것을 그들에게서 빼앗을 수는 없다. 프롤레타리아 계급은 우선 정치적 지배를 쟁취하고, 국민적 계급으로 올라서고, 스스로를 국민으로 정립해야 하기 때문에, 부르주아지가 말하는 의미에서는 아니라 하더라도 프롤레타리아 계급 자체는 아직 국민적이다.

민족들이 국가로 분리되어 대립하는 현상은 이미 부르주아지의 발전과 함께 상업의 자유, 세계 시장과 함께 그리고 산업 생산과 이에 일치하는 생활 관계의 획일성과 함께 점점 소멸하고 있다.

프롤레타리아 계급의 지배는 이런 분리와 대립을 점점 더 사라지게 만들 것이다. 적어도 문명국들의 단합된 행동은 프롤레타리아트 해방의 선결 조건 가운데 하나다.

한 개인에 의한 다른 개인의 착취가 폐지되는 정도에 따라

한 국가에 의한 다른 국가의 착취도 폐지될 것이다.

국가 내부의 계급 대립이 붕괴하면서 국가들 간의 적대적 입장은 사라진다.

종교, 철학 그리고 이데올로기의 관점에서 공산주의에 일반적으로 제기되는 비난은 상세하게 해명할 가치가 없다.

인간이 처해 있는 삶의 상황, 그의 사회적 관계 그리고 그의 사회적 존재와 더불어 그의 생각, 관점과 개념들, 간단히 말해 그의 의식도 변한다는 것을 파악하는 데 더 깊은 통찰이 필요하단 말인가?

정신적 생산은 물질적 생산과 함께 변형된다는 것 외에 이념사가 증명하는 것은 무엇이겠는가? 한 시대에 지배적인 이념은 항상 지배 계급의 이념일 뿐이었다.

사람들은 전체 사회를 혁명적으로 변화시키는 이념에 대해 말한다. 그로써 사람들은 단지 낡은 사회의 내부에서 새로운 사회의 요소들이 형성되었으며, 낡은 생활 관계의 해체와 보조를 맞춰 낡은 이념들의 해체가 일어난다는 사실을 진술하고 있을 뿐이다.

고대 세계가 막 몰락하려 했을 때, 고대 종교들은 기독교에 정복당했다. 기독교적 이념이 18세기 계몽 이념들에 패배했을 때, 봉건 사회는 당시 혁명적이었던 부르주아지와 생사를 건 한판 싸움을 벌였다. 양심의 자유 및 종교의 자유라는 이념들은 단지 지식의 영역에서 행해지는 자유 경쟁의 지배를 표현할 뿐이다.

사람들은 이렇게 말할 것이다. "그렇지만 종교 이념, 도덕 이념, 철학 이념, 정치 이념, 법 이념 등은 물론 역사 발전의 과정에서 변형되어왔다. 종교, 도덕, 철학, 정치, 법은 이런 변천 속에서도 항상 유지되었다.

여기에다 자유, 정의 등과 같이 모든 사회적 상태들에 공통적인 영원한 진리가 있다. 그러나 공산주의는 영원한 진리를 철폐한다. 종교나 도덕을 새로 만드는 대신 그것들을 철폐한다. 다시 말해 공산주의는 이제까지의 모든 역사 발전에 반대하는 것이다."

이런 비난은 결국 무엇으로 귀착되는가? 이제까지 모든 사회의 역사는 계급 대립 속에서 움직여왔고, 이러한 계급 대립은 시대마다 다른 모습으로 나타났다.

그러나 이러한 계급 대립이 어떤 형태를 취하든, 사회의 일부가 다른 일부를 착취한다는 것은 지난 모든 세기에 공통된 사실이다. 그러므로 모든 세기의 사회적 의식이, 그 다양성과 상이함에도 불구하고 일정한 공동의 형태 안에서, 즉 계급 대립이 완전히 사라질 때 비로소 완벽하게 해체되는 의식의 형태 안에서 움직였다는 것은 그리 놀랄 만한 일이 아니다.

공산주의 혁명은 전래된 소유 관계와 가장 철저하게 단절하는 것이다. 따라서 그 발전 과정에서 전래된 이념들과 가장 극단적으로 단절하는 것도 놀랄 만한 일이 아니다.

그러나 이제 공산주의에 대한 부르주아지의 반박은 접어두기로 하자.

우리는 앞에서 노동자 혁명의 첫걸음이 프롤레타리아트를 지배 계급으로 세우고 민주주의를 쟁취하는 것임을 살펴보았다.

프롤레타리아 계급은 자신의 정치적 지배권을 이용하여 차츰차츰 부르주아지에게서 모든 자본을 빼앗고 모든 생산 도구를 국가의 수중에, 즉 지배 계급으로 조직된 프롤레타리아트의 수중에 집중시키며 가능한 한 빨리 생산력의 크기를 증대시킬 것이다.

물론 이런 일은 우선 소유권과 시민적 생산 관계를 전제적 방식으로 침해함으로써만 일어날 수 있다. 다시 말해 경제적으로 충분하지 않고 오래 유지될 수 없는 것처럼 보이지만 운동이 경과하면서 오히려 스스로를 뛰어넘는 조치들, 즉 생산 방식 전체를 변혁하기 위한 수단으로 불가피해지는 조치들을 통해서만 일어날 수 있는 것이다.

이 조치들은 물론 나라들마다 다를 것이다.

그러나 가장 발전한 나라에서는 다음의 조치들이 상당히 일반적으로 적용될 수 있을 것이다.

① 토지 소유의 몰수와 지대를 국가 경비로 전용.

② 고율의 누진세.

③ 상속권 폐지.

④ 모든 망명자와 반역자의 재산 압류.

⑤ 국가 자본과 배타적 독점권을 가진 국립 은행을 통해 국가 수중에 신용 대출금 집중.

⑥ 국가의 수중에 운송 제도의 집중.

⑦ 국영 공장의 확대와 생산 도구의 확충, 공동 계획에 따른 토지 개간과 개량.

⑧ 모든 사람에게 동등한 노동 강제, 산업 군대, 특히 농경을 위한 산업 군대 설립.

⑨ 농업 경영과 산업 경영의 결합, 도시와 농촌의 차이를 점진적으로 해소하기 위한 노력.

⑩ 모든 아동의 무상 공공 교육. 현재 형태로 이루어지는 아동의 공장 노동 폐지. 교육과 물질 생산의 결합 등.

발전 과정에서 계급 차이가 사라지고 모든 생산이 서로 연합한 개인들의 손에 집중된다면, 공공 권력은 정치적 성격을 상실할 것이다. 본래적 의미에서 정치적 폭력이란 한 계급이 다른 계급을 억압하기 위해 조직된 폭력이다. 프롤레타리아트가 부르주아지와의 투쟁에서 필연적으로 계급으로 단결한다면, 또 혁명으로 지배 계급이 되며 지배 계급으로서 낡은 생산 관계를 폭력적으로 청산한다면, 그들은 이 생산 관계들과 아울러 계급 대립의 존립 조건과 계급 일반을 폐지할 것이며, 그럼으로써 계급으로서 자기 자신의 지배까지 폐지할 것이다.

자신의 계급과 계급 대립을 지녔던 낡은 시민 사회의 자리
에 하나의 연합체, 즉 그 안에서는 각자의 자유로운 발전이
모두의 자유로운 발전의 조건이 되는 연합체가 들어선다.

3. 사회주의와 공산주의 문헌

(1) 반동적 사회주의

ㄱ. 봉건적 사회주의

프랑스와 영국의 귀족 계급은 그들의 역사적 지위에 따라
현대 시민 사회에 대항하는 팸플릿을 쓰라는 소명을 받았다.
1830년 일어난 프랑스의 7월 혁명, 그리고 영국의 개혁 운동
에서 그들은 가증스러운 벼락출세자들에게 또 한 번 패배했
다. 그들에게 남은 것이라고는 글을 통한 투쟁밖에 없었다.
그러나 문헌의 영역에서도 왕정복고시대7의 낡은 상투어들
은 이제 불가능한 것이 되었다. 귀족들은 공감을 불러일으키
기 위해 겉으로는 자신들의 이해관계를 안중에 두지 않고 오
로지 착취당하는 노동자 계급의 이해관계를 대변하는 척하
면서 부르주아지에 대한 기소장을 써야만 했다. 그들은 이
렇게 명예 회복을 준비했는데, 새로운 지배자를 헐뜯는 풍자
노래를 부르고 그들의 귀에 대고 다소 섬뜩한 예언을 속삭일

필요가 있었다.

이런 식으로 봉건주의적 사회주의가 탄생했다. 그것은 반은 비가悲歌이고 반은 풍자문이며, 반은 과거의 여운이고 반은 미래의 위협이며, 때로는 기지 넘치게 남의 마음을 찢는 신랄한 비판으로 폐부를 찌르며, 현대 역사의 흐름을 이해하지 못하는 완전한 무능력 때문에 언제나 우스꽝스럽게 보인다.

그들은 민중을 자기 뒤에 끌어모으기 위해 프롤레타리아의 동냥자루를 깃발 삼아 손에 들고 흔들었다. 민중이 그들을 따라갈 때마다, 그들의 엉덩이 위 낡은 봉건 문장紋章을 보고는 불손하게 박장대소하며 뿔뿔이 흩어져버린다.

이러한 구경거리로 프랑스의 정통 왕조파 일부와 청년 영국이 우리를 가장 즐겁게 해준다.

봉건주의자들이 자신의 착취 방식이 시민의 착취와 다르다는 것을 증명한다면, 그들은 다만 지금은 시대에 뒤떨어진 전혀 다른 정황과 조건에서 착취했다는 사실을 잊고 있는 것뿐이다. 그들이 자신들의 지배하에서는 현대적 프롤레타리아트가 존재하지 않았음을 증명한다면, 그들은 현대의 부르주아지가 바로 자신들의 사회 질서의 필연적인 후예라는 사실을 망각하고 있는 것뿐이다.

게다가 그들은 자신들의 비판의 반동적 성격을 거의 감추지 않았기 때문에, 부르주아 정권하에서 낡은 사회 질서 전체를 공중으로 날려버릴 하나의 계급이 발전했다는 점이 바로 부르주아에 대한 그들의 주요 비난이 될 정도다.

그들은 부르주아지가 일반적으로 프롤레타리아트를 낳는다는 사실보다는 혁명적인 프롤레타리아트를 낳는다는 점에서 부르주아지를 더욱 비난한다.

그러므로 그들은 정치적 실천에서는 노동자 계급에 대한 모든 폭력적 조처에 가담하는 한편 일상 생활에서는 그들의 부풀려진 상투어에도 불구하고 황금 사과들을 주워 담고 충성, 사랑, 명예를 양모, 사탕무, 화주火酒와 맞바꾸는 일에 순응한다.[8]

성직자가 봉건 지주들과 항상 손을 잡듯이 성직자풍의 사회주의도 봉건주의적 사회주의와 손을 잡는다.

기독교적 금욕주의에 사회주의적 특색을 부여하는 것보다 더 쉬운 일은 없다. 기독교도 사적 소유, 결혼, 국가에 극구 반대하지 않았던가? 그 대신에 자선과 구걸, 독신 생활과 육욕 억제, 수도원 생활과 교회를 설교하지 않았던가? 기독교 사회주의는 성직자가 귀족들의 분노에 축성하는 성수일 뿐이다.

ㄴ. 소시민적 사회주의

봉건 귀족은 부르주아지에게 타도당해 그 삶의 조건이 현대 시민 사회에서 위축되어 소멸하는 유일한 계급은 아니다. 중세의 성외시민과 소농민층은 현대 부르주아지의 선행자들이었다. 산업과 상업이 덜 발달된 국가들에서 이 계급은 떠오르는 부르주아지 옆에서 그럭저럭 겨우 살아가고 있다.

현대적 문명이 발달한 국가들에서는 새로운 소시민층이 형성되었는데, 이들은 프롤레타리아트와 부르주아지 사이에서 유동하면서 시민 사회를 보충하는 부분으로서 항상 새로 형성되고 있다. 그러나 그 구성원들은 경쟁으로 인해 끊임없이 프롤레타리아트로 전락하며, 대규모 산업이 발전하면 현대 사회의 독립적인 일부로서 자신들이 완전히 사라지고 상업, 제조업과 농업에서 노동 감독관들과 고용인들로 대체되는 시점이 가까이 다가오고 있음을 보게 될 것이다.

프랑스처럼 농민 계급이 인구의 반을 훨씬 넘는 나라에서는 프롤레타리아 계급 편에서 부르주아지를 반대하는 작가가 소시민적이고 소농민적인 잣대로 부르주아 정권을 비판하고 또 소시민적 관점에서 노동자 정당 편에 가담한 것은 당연한 일이었다. 그렇게 하여 소시민적 사회주의가 형성되었다. 시스몽디Simonde de Sismondi는 프랑스뿐만 아니라 영국에서도 이런 문헌을 대표하는 우두머리이다.

이 사회주의는 현대의 생산 관계에서 나타나는 모순들을 극히 예리하게 해부했다. 그것은 경제학자들의 위선적인 변명을 폭로했다. 그것은 기계 장치와 분업의 파괴적 효과를 논박의 여지 없이 증명했으며, 자본과 토지 소유의 집중, 과잉 생산, 공황, 소시민과 소농민의 필연적 몰락, 프롤레타리아트의 빈곤, 생산의 무정부 상태, 부 분배의 극심한 불균형, 국가들 간의 산업적 섬멸전, 낡은 관습, 낡은 가족 관계, 낡은 국적의 해체 등을 부정할 수 없을 정도로 증명했다.

그러나 이 사회주의는 그 긍정적 내용에 따르면 낡은 생산 수단과 교류 수단을 복구하고 이와 함께 낡은 소유 관계와 낡은 사회를 복구하거나, 아니면 자신들이 폭파할 것이고 폭파해야만 하는 낡은 소유 관계의 틀 안에 현대적 생산 수단 및 교류 수단을 폭력적으로 다시 끼워 넣으려고 한다. 이 두 경우 모두에서 소시민적 사회주의는 반동적인 동시에 유토피아적이다.

매뉴팩처에서의 길드 제도와 농촌에서의 가부장적 경제, 그것이 이 사회주의가 마지막으로 남긴 말이다.

이 노선은 이후의 발전 과정에서 비겁한 비탄의 길로 잘못 빠져버렸다.

ㄷ. 독일 사회주의 또는 '진정한' 사회주의

지배하는 부르주아지의 억압 아래서 생겨나 지배에 대한 투쟁을 문학적으로 표현한 프랑스의 사회주의 문헌과 공산주의 문헌이 독일로 들어온 것은 부르주아지가 봉건적 절대주의와의 투쟁을 막 시작할 때였다.

독일의 철학자들, 얼치기 철학자들, 문예 애호가들은 이 문헌들을 탐욕스럽게 자기 것으로 만들었지만, 저 문헌들이 프랑스에서 건너옴과 동시에 프랑스의 생활 조건들이 독일로 건너온 것은 아니라는 점을 잊었을 뿐이다. 프랑스의 문헌은 독일의 상황에 대해 모든 직접적인 실천적 의미를 잃어버리고 순전히 문학적인 외양을 띠고 있었다. 그것들은 진정한 사회나 인간 존재의 실현에 대한 한가로운 사색으로 보였음이 틀림없다. 그래서 18세기의 독일 철학자들에게 제1차 프랑스 혁명의 요구들은 일반적 '실천 이성'의 요구의 의미만 있을 뿐이었고, 그들의 눈에 혁명적 프랑스 부르주아지의 의지 표명은 순수한 의지, 즉 마땅히 있어야 할 모습으로서의 의지, 진정 인간적인 의지의 법칙들을 의미했다.

독일 문필가들이 한 일이라고는 한결같이 프랑스의 새로운 이념들을 자신들의 낡은 철학적 양심과 조화를 이루게 하거나 또는 차라리 자신들의 철학적 관점에서 프랑스의 이념들을 습득하는 것이었다.

이 습득은 외국어를 배우는 것과 동일한 방식으로, 즉 번역을 통해 이루어졌다.

수도사들이 고대 이교도 시대의 고전적 원고들에 몰취미한 가톨릭 성도전聖徒傳이라는 표제를 붙였다는 것은 널리 알려진 사실이다. 독일 문필가들은 세속적인 프랑스 문헌들을 이와는 반대의 방식으로 다루었다. 그들은 프랑스 원본 뒤에 자신들의 철학적 헛소리들을 적었다. 예를 들면 화폐

관계에 대한 프랑스의 비판 뒤에다 그들은 "인간 본질의 외화外化"를, 부르주아 국가에 대한 프랑스의 비판 뒤에는 "추상적 일반자 지배의 폐지" 등을 써두었던 것이다.

그들은 프랑스의 논리 전개에 자신들의 철학적 상투어를 끼워 넣는 일을 "행위의 철학", "진정한 사회주의", "독일적 사회주의 과학", "사회주의의 철학적 정초" 등으로 명명했다.

프랑스의 사회주의-공산주의 문헌은 이렇게 의례적으로 거세되었다. 그리고 이 문헌들은 독일인의 수중에서는 이제 더 이상 한 계급이 다른 계급과 벌이는 투쟁을 표현하지 않기 때문에, 독일인은 프랑스의 일면성을 극복했으며, 진정한 욕구들 대신에 진리의 욕구를, 프롤레타리아의 이해관계 대신에 인간 존재, 인간 일반의 이해관계를 대변했다고 의식하고 있었다. 여기서 인간이란 어떤 계급에도 속하지 않으며 현실에는 결코 속하지 않는 인간으로서 오로지 철학적 환상의 안개 낀 하늘에만 속하는 인간이다.

자신의 서투른 학교 숙제를 너무나 진지하고 장엄하게 받아들이고, 시장의 호객 상인처럼 커다랗게 부풀려 떠벌렸던 독일 사회주의는 그동안 점차 현학적인 순수성을 상실해 갔다.

봉건파와 절대 왕정을 상대로 독일, 특히 프로이센의 부르주아지가 벌인 투쟁, 간단히 말해 자유주의 운동은 점점 더 진지해졌다.

'진정한' 사회주의가 그토록 바라던 기회, 즉 정치 운동에 사회주의적인 요구를 대립시킬 기회가 주어진 것이다. 자유주의, 대의제, 시민적 경쟁, 시민적 언론 자유, 시민적 법, 시민적 자유와 평등에다 전통적인 저주를 퍼부으며 인민 대중에게 이 시민 운동에서는 얻을 게 아무것도 없으며 오히려 모든 것을 다 잃을 것이 틀림없다고 설교할 기회가 제공된 것이다. 독일 사회주의는 프랑스의 비판─이 비판의 얼빠진 메아리가 바로 자신이었다─이 현대적 시민 사회와 이에 상응하는 물질적 조건 및 적합한 정치적 구조를 전제로 한다는 사실을 제때에 망각했다. 독일에서는 이 전제들의 쟁취가 이제 막 문제가 되고 있었다.

독일 사회주의는 성직자, 교원, 시골 귀족과 관료들을 거느린 독일의 절대주의 정부에게는 위협적으로 부상하는 부르주아지에 맞설 수 있는 바람직한 허수아비 역할을 했다.

독일 사회주의는 이 정부가 독일의 노동자 봉기를 다룰 때 사용했던 가혹한 채찍질과 총알을 보완하는 달콤한 대용품이었다.

그런 식으로 '진정한' 사회주의가 독일 부르주아지에 대항하는 정부의 손에 들린 무기가 되었다면, 그것은 또한 직접적으로 반동적인 이해관계, 즉 독일의 성외시민층의 이해관계를 대변했다. 16세기부터 이어져 내려오며 그때부터 여기에서 다시 다양한 형태로 매번 등장하는 소시민층은 독일에서는 기존 상태의 진정한 사회적 토대를 이루고 있었다.

이 계층의 보존은 기존의 독일적 상태를 보존하는 것이다. 이 계층은 부르주아지의 산업적, 정치적 지배로 인한 자신들의 확실한 몰락을 두려워했는데, 이는 자본 집중 현상의 결과인 한편, 혁명적 프롤레타리아트의 부상으로 말미암은 것이었다. '진정한' 사회주의는 그들에게 일석이조로 보였다. 그것은 전염병처럼 퍼졌다.

사변의 거미줄로 짜고 문예 애호가들의 아름다운 말의 꽃들로 수를 놓아 에로틱한 감상의 이슬에 흠뻑 적신 의상, 독일의 사회주의자들이 자신들이 가진 몇 안 되는 앙상한 영원의 진리를 감싸고 있는 의상은 청중들 사이에서 그들 상품의 매상을 올렸던 것이다.

독일 사회주의자들도 자신들이 이 성외시민층의 허식적인 대변자라는 소명을 점점 더 인식하게 되었다.

독일 사회주의는 독일 국민을 표준 국민으로, 독일의 속물을 표준 인간으로 천명했다. 독일 사회주의는 이들의 비열한 행위 하나하나에 숨겨진 고상한 사회주의적 의미를 부여했으니, 비열한 행위는 여기서 정반대를 의미하게 되었다. 독일 사회주의는 공산주의의 거칠고 파괴적인 노선을 정면 공격하고 모든 계급 투쟁을 넘어서 어느 편에도 가담하지 않는 중립적 고상함을 지키겠노라 선포하면서 최후 결론을 끌어내고 있다. 이른바 사회주의적 저서나 공산주의적 저서를 표명하면서 독일에서 돌고 있는 것은, 극히 소수를 제외하고는, 모두 이 더럽고 신경 거슬리는 문헌의 영역에 속한다.[9]

(2) 보수적 또는 부르주아-사회주의

일부 부르주아지는 시민 사회의 존립을 보장하기 위해 사회적 폐해를 시정하기를 원한다.

여기에 속하는 사람들로는 경제학자, 박애주의자, 인도주의자, 노동 계급의 처지를 개선하려는 자, 자선 사업가, 동물 학대 철폐 운동가, 금주 협회 발기인, 온갖 종류의 하찮은 개혁가 등이 있다. 그리고 이 부르주아-사회주의는 완전한 체계를 갖추게 되었다.

그 예로 우리는 프루동Pierre-Joseph Proudhon의《빈곤의 철학*Philosophie de la misère*》을 들 수 있다.

사회주의적 부르주아들은 현대 사회의 삶의 조건들을 원하지만, 그 일로 발생할 수밖에 없는 투쟁과 위험은 원치 않는다. 그들은 기존 사회를 변혁하고 해체하는 요소들을 제거한 후의 기존 사회를 원한다. 그들은 프롤레타리아트가 없는 부르주아지를 원한다. 부르주아지는 자신들이 지배하는 세상을 당연히 최상의 세상이라고 상상한다. 부르주아-사회주의는 이 위안이 되는 상상을 절반의 체계로 또는 완벽한 체계로 완성한다. 부르주아-사회주의가 프롤레타리아 계급에게 체계를 실현하여 새로운 예루살렘으로 들어갈 것을 요구한다면, 그것은 근본적으로 프롤레타리아 계급이 현재 사회에 머물러 있되 그 사회에 대한 원한과 증오의 생각들을 벗어던지라고 요구하는 것일 뿐이다.

덜 체계적이지만 더 실천적인 두 번째 형태의 사회주의는 이런저런 정치 변화가 아니라 오로지 물질적 생활 상태, 경제적 상태의 변화만이 노동자 계급에게 유익할 수 있음을 증명함으로써 이 계급으로 하여금 모든 혁명적 운동을 꺼리게 하려고 한다. 그러나 이 사회주의는 물질적 생활 상태의 변화를 오로지 혁명적인 길을 통해 가능한 시민적 생산 관계의 폐지로 이해하지 않고, 이 생산 관계의 토대 위에서 이루어지는, 다시 말해 자본과 임금 노동의 관계는 전혀 바꾸지 않고 기껏해야 부르주아지에게 지배 경비를 줄여주고 국가 살림을 단순화시켜주는 행정적 개선으로 이해한다.

부르주아-사회주의는 순전히 연설조의 모습을 할 때 자신에게 어울리는 표현을 얻게 된다.

자유 무역! 노동자 계급의 이해관계를 위해. 보호 관세! 노동자 계급의 이해관계를 위해. 독방 감옥! 노동자 계급의 이해관계를 위해. 이것이 부르주아-사회주의의 마지막 말, 진심에서 우러나온 유일한 말이다.

부르주아-사회주의의 본질은 바로 다음의 주장에 있다. 부르주아는 부르주아다―노동 계급의 이해관계를 위해.

(3) 비판적-유토피아적 사회주의와 공산주의

우리는 여기서 모든 위대한 현대의 혁명들 속에서 프롤레타리아트의 요구를 진술했던 문헌(바뵈프François-Noël Babeuf의 저서 등)에 관해 이야기하려는 것이 아니다.

전반적인 소요의 시대에, 봉건 사회의 전복 시기에 직접 자기 계급의 이해관계를 관철하려 했던 프롤레타리아트의 첫 시도들은 프롤레타리아트 자체의 미발전 상태로 인해, 또 그 해방의 물질적 조건의 부족으로 인해 필연적으로 실패할 수밖에 없었다. 해방의 물질적 조건은 바로 시민 시대의 산물인 것이다. 이 최초의 프롤레타리아트 운동을 동반했던 혁명적 문헌은 내용상 필연적으로 반동적이다. 그것은 일반적인 금욕주의와 조야한 평준화를 가르친다.

본래의 사회주의와 공산주의 체계들, 생시몽C. H. de R. Saint-Simon, 푸리에Charles Fourier, 오언Robert Owen[10] 등의 체계들은 프롤레타리아트와 부르주아지의 투쟁이 덜 발전된 형태로 이루어지던 초기에―우리가 위에서 서술했던 초기에―나타난다(〈부르주아와 프롤레타리아〉를 보라).

이 체계들의 창안자들은 계급들의 대립이나 지배 사회 자체 내의 해체 요소들의 작용을 인식하기는 했다. 그러나 그들은 프롤레타리아트 쪽에서는 어떤 역사적 자기 활동도, 어떤 고유한 정치 운동도 보지 못했다.

계급 대립의 발전은 산업 발전과 보조를 맞추기 때문에,

그들은 프롤레타리아트 해방을 위한 물질적 조건들을 발견하지 못하고 이 조건을 마련하기 위해 사회과학과 사회법칙을 찾으려 애쓴다.

사회적 활동의 자리를 개인적 측면에서 창의적인 그들의 활동이 차지하며, 해방의 역사적 조건 대신에 환상적인 조건이, 하나의 계급으로 서서히 조직을 이루어가는 프롤레타리아트 대신에 이들이 특별히 고안한 사회 조직이 들어선다. 그들에게 앞으로 도래할 세계 역사는 그들의 사회 계획을 선전하고 실천적으로 실행하는 것이 되어버린다.

자신들의 계획 속에서는 고통을 당하는 계급으로서 노동계급의 이해관계를 주로 대변하고 있다는 점을 그들도 의식하고 있기는 하다. 그들에게 프롤레타리아트는 가장 고통받는 계급이라는 관점에서만 존재한다.

덜 발달된 형태의 계급 투쟁이나 그들의 생활 처지로 말미암아 그들은 자신들이 저 계급 대립을 훨씬 초월해 있다고 믿는다. 그들은 가장 나은 처지의 사람들을 포함한 모든 사회 구성원들의 생활 처지를 개선하고자 한다. 그러므로 그들은 어떤 차이도 두지 않고 전체 사회에, 특히 지배 계급에게 끊임없이 호소한다. 사람들이 그들의 체계를 이해하기만 하면, 그것을 가능한 최상의 사회에 대한 가능한 최상의 계획으로 인정할 것이다.

따라서 그들은 모든 정치 활동, 특히 모든 혁명 활동을 비난한다. 그들은 평화로운 방법으로 목표를 달성하려 하며, 당연히 실패할 자그마한 실험들과 본보기의 힘을 통해 새로운 사회적 복음의 길을 열어주고자 한다.

이 환상적인 미래 사회의 서술은 프롤레타리아트가 아직 전혀 발전하지 못하고 따라서 여전히 환상적으로 자신의 위치를 파악할 때, 사회를 전반적으로 개조하고 싶은 그들의 첫 열망에서 생겨난다.

그러나 사회주의와 공산주의 저서들에는 비판적인 요소도 들어 있다. 이 저서들은 기존 사회의 모든 토대를 공격한다. 따라서 이것들은 노동자의 계몽에 매우 가치 있는 자료들을 제공했다. 이 저서들이 제시한 미래 사회에 대한 긍정적 명제들, 예를 들면 도시와 농촌 간 대립, 가족, 사적 영리, 임금 노동 등의 폐지, 사회적 조화 선포, 단순한 생산 관리 기구로의 국가 변신―이 모든 명제는 단순히 계급 대립의 폐지를 표현하고 있을 뿐이다. 계급 대립은 그 당시 막 나타나기 시작했는데, 이 저서들은 그것을 아직 형태를 갖추지 못한 불확실한 초기 상태에서 알고 있었다. 그러므로 이 명제들 자체는 아직 순전히 유토피아적인 의미를 가지고 있다.

비판적-유토피아적인 사회주의와 공산주의의 의미는 역사 발전에 반비례한다. 계급 투쟁이 발전하고 형태를 갖추는 정도만큼 계급 투쟁에 대한 이들의 환상적 극복, 환상적 반대는 모든 실천적 가치, 모든 이론적 정당성을 상실한다. 따라서 이 체계의 창시자들이 많은 점에서 혁명적이었다 하더라도, 제자들은 항상 반동적인 종파를 이루었다. 그들은 프롤레타리아 계급이 역사적으로 지속적인 발전을 하고 있는 현상에 직면해서도 스승의 낡은 견해를 고수했다. 그러므로 그들은 초지일관 계급 투쟁을 다시 무디게 하고 대립을 중재하려 애쓴다. 그들은 자신들의 사회적 유토피아가 실험적으로 실현되기를, 즉 개별 팔랑스테르Phalanstere 설립, 홈-콜로니home colonies 창설, 작은 이카리아Icarie[11] ― 새로운 예루살렘의 축소판 ― 의 설립을 여전히 꿈꾼다. 그리고 이 모든 공중 누각을 세우기 위해 그들은 시민의 가슴과 돈주머니의 박애에 호소해야만 한다. 점차 그들은 앞에서 서술한 반동적인 또는 보수적인 사회주의자들의 범주로 떨어지는데, 후자와 차이가 있다면 그들이 더 체계적으로 사소한 일에 얽매이고 융통성이 없으며 자신들의 사회과학이 일으킬 기적 같은 효력을 광적으로 맹신하고 있다는 점뿐이다.

따라서 오로지 새로운 복음에 대한 맹목적인 불신에서 발생할 수 있었던 노동자들의 모든 정치 운동에 그들은 격분하며 반대했던 것이다.

영국의 오언주의자들은 차티스트[12]들을, 프랑스의 푸리에주의자들은 개혁주의자[13]들을 반대한다.

4. 여러 반대 정당들에 대한 공산주의자들의 입장

이미 결성된 노동자 정당들과 공산주의자들의 관계, 다시 말해 영국의 차티스트들과 북아메리카의 토지 분배 개혁파들의 관계를 2절에서 밝혔다.

그들은 노동자 계급의 당면 목적과 이해관계를 달성하기 위해 투쟁했지만, 현재의 운동 속에서 운동의 미래를 동시에 대변하고 있었다. 프랑스에서 공산주의자들은 보수 및 급진 부르주아지에 대항하여 사회주의-민주주의 정당14에 가담했지만 그렇다고 혁명적 전통에서 유래하는 관용구나 환상들에 대해 비판적 태도를 취할 권리를 포기하지는 않았다.

스위스 공산주의자들은 급진파를 지지했지만, 이 정당이 모순적 요소들로 구성됐다는 점, 즉 일부는 프랑스적 의미에서 민주적 사회주의자들로 구성되고 일부는 급진 부르주아들로 구성됐다는 점을 모르지 않았다.

폴란드 공산주의자들은 토지 분배 혁명을 민족 해방의 조건으로 설정한 정당을 지지했다. 이 정당이 1846년 크라카우 폭동을 일으킨 바로 그 당이다.

독일의 공산당은 부르주아지가 혁명적으로 행동하자마자 그들과 공동으로 절대 왕정, 봉건 토지 소유, 프티부르주아와 싸웠다.

그러나 그들은 노동자들에게서 부르주아지와 프롤레타리

아트의 적대적 대립에 대해 가능한 한 명확한 의식을 이끌어내는 일을 한시도 중단하지 않았다. 이는 독일 노동자들이 부르주아지가 그들의 지배권과 함께 반드시 도입할 사회적, 정치적 조건들을 동일한 수의 무기들로 부르주아지에게 겨눌 수 있게 하기 위해서이며, 독일에서 반동 계급들을 타도한 후 곧바로 부르주아지와의 투쟁을 시작하기 위해서다.

공산주의자들은 독일에 관심을 집중했다. 그 이유는 독일이 시민혁명의 전야에 있었고, 또 독일은 유럽 문명 일반이 좀 더 발전한 조건에서 그리고 17세기의 영국과 18세기의 프랑스보다 훨씬 더 발전한 프롤레타리아트와 함께 이 변혁을 완수했기 때문이다. 다시 말해 독일의 시민혁명이 프롤레타리아 혁명의 직접적인 전주곡이 될 수 있었기 때문이다.

한마디로 공산주의자들은 도처에서 기존의 사회적, 정치적 상태에 대항하는 모든 혁명 운동을 지지했다.

이 모든 운동에서 공산주의자들은 소유 문제를, 그 발전 정도와 상관없이 운동의 근본 문제로 내세웠다.

결국 공산주의자들은 어디에서나 모든 국가의 민주 정당들의 연합과 합의를 얻어내기 위해 노력한다.

공산주의자들은 자신들의 견해와 의도를 숨기기를 거부한다. 그들은 자신들의 목적이 이제까지의 모든 사회 질서를 폭력적으로 전복해야만 달성될 수 있음을 공개적으로 천명한다. 지배 계급은 공산주의 혁명이 두려워 전율할지도 모른다. 프롤레타리아들은 공산주의 혁명에서 자신들을 묶고 있는 족쇄 외에는 잃을 게 없다. 그들에게는 얻어야 할 세계가 있다.

만국의 프롤레타리아여, 단결하라!

제2장

공산주의의 원칙[15]

1. 공산주의는 무엇인가?

공산주의는 프롤레타리아트 해방의 조건에 관한 교의이다.

2. 프롤레타리아트는 무엇인가?

프롤레타리아트는 생활비를 어떤 자본의 이윤에서 얻지 않고 오로지 자신의 노동을 팔아서 얻는 사회 계급으로서, 그들의 안녕과 고통, 그들의 삶과 죽음 그리고 그들의 전체 실존이 노동에 대한 수요, 다시 말해 경기의 좋고 나쁜 변화, 고삐 풀린 경쟁의 변동에 좌우되는 계급이다. 프롤레타리아트 또는 프롤레타리아 계급은 한마디로 19세기의 노동 계급이다.

3. 그렇다면 프롤레타리아는 항상 존재하지 않았는가?

아니다. 빈자들과 노동 계급들은 항상 있었고[16] 또한 노동 계급들은 대개 가난했다. 그러나 방금 말한 상태에서 살고 있는 그런 빈자들, 그런 노동자들, 다시 말해 프롤레타리아는, 경쟁이 항상 자유롭고 고삐 풀리지는 않았듯이, 항상 있었던 것은 아니다.

4. 프롤레타리아트는 어떻게 생성되었는가?

지난 세기 후반에 영국에서 발생했고 그 후 세계의 모든 문명국에서 반복된 산업혁명으로 프롤레타리아트가 생겨났다. 이 산업혁명은 증기기관과 여러 종류의 방적기계들, 기계 베틀과 일련의 다른 기계 장치들의 발명에서 비롯되었다. 매우 비싸고 그래서 오직 대자본가들만이 구입할 수 있었던 이 기계들은 노동자들이 불완전한 물레와 베틀로 생산할 수 있었던 것보다 더 싼 가격으로 더 좋은 물건들을 제공하면서 이제까지의 생산 방식 전체를 변화시켰고 이제까지의 노동자들을 몰아냈다. 그로 인해 이 기계들은 산업을 온전히 대자본가들의 손에 넘겼고, 노동자들의 얼마 안 되는 재산(도구들, 베틀 등)을 완전히 무용지물로 만들었으며, 그래서 자본가들은 곧 모든 것을 손에 쥐게 되었고 노동자들은 아무것도 가질 게 없어졌다. 그로써 옷감을 제조하는 일에 공장 시스템이 도입되었다. 기계 장치와 공장 시스템을 도입하는 계기가 한번 주어지자, 이 시스템은 곧 나머지 모든 산업 부문, 특히 날염업, 인쇄업, 도자기업과 금속제품 산업에 응용되었다. 노동은 점점 노동자 개개인들 사이에 나누어졌고, 그 결과 과거에는 전체 공정의 일을 혼자 했던 노동자가 이제는 단지 공정의 일부에만 참여하게 되었다. 이러한 분업으로 생산품은 더욱 신속하게, 따라서 더 값싸게 제공될 수 있었다. 노동 분업은 각 노동자의 작업을 극히 단순한, 매 순간 반복되는 기계적인 손놀림으로 축소했다. 이 단순 반복의 손놀림은 기계도 어느 정도 해냈을 뿐 아니라 오히려 훨씬 더 잘할 수 있었다. 이런 방식으로 이 모든 산업 부문은 하나씩 차례차례로, 방적업이나 방직업이 그랬듯이 증기기관, 기계 장치와 공장 시스템의 지배를 받기에 이르렀다. 그러나 이와 함께 이 산업 부문들은 동시에 완전히 대자본가들의 수중에 떨어졌으며, 여기에서도 노동자들은 마지막 남아 있던 독자성을 빼앗기게 되었다. 대자본가들이 비용을 많이 절감하고 노동을 매우 세분화할 수 있는 커다란 작업실을 수공업에도 설치하여 영세 장인들을 점점 더 몰아냈고, 그렇게 하면서 원래의 매뉴팩처 외에 이 분야도 서서히 공장 시스템의 지배 아래 들어가게 되었다. 그렇게 하여 현재 문명국에서는 거의 모든 노동 부문이 공장식으로 운영되고, 거의 모든 노동 부문에서 수공업과 매뉴팩처가 거대 산업에 밀려나는 상황에 이르게 된 것이다. 이로 인하여 이제까지의 중산층, 특히 소수의 수공업 장인들은 점점 몰락하고 노동자의 과거 처지는 완전히 바뀌었으며 서서히 다른 모든 계급들을 삼켜버리는 새로운 두 계급이 생겨난다. 다시 말해,

① 벌써 모든 문명국에서 거의 독점적으로 모든 생활 수단을 소유하고 있으며, 이 생활 수단을 생산하는 데 필요한 원료와 도구(기계, 공장)를 소유하고 있는 대자본가 계급. 이 계급이 부르주아 계급 또는 부르주아지이다.

② 생계에 필요한 식료품을 얻기 위해 부르주아에게 노동을 파는 일에 의지하는 완전한 무산자 계급. 이 계급을 프롤레타리아 계급 또는 프롤레타리아트라 한다.

5. 프롤레타리아의 노동은 어떤 조건에서 부르주아에게 팔리는가?

노동은 다른 모든 상품처럼 하나의 상품이며, 따라서 그 가격은 다른 모든 상품의 가격을 결정하는 것과 동일한 법칙에 따라 결정된다. 거대 산업이나 자유 경쟁의 지배하에서 결정되는 한 상품의 가격은, 우리가 앞으로 보게 되겠지만, 결국 하나로 귀결되는데 평균적으로 항상 그 상품의 생산 비용과 같다. 다시 말해 노동의 비용은 마찬가지로 노동의 생산 비용과 동일하다. 그러나 노동의 생산 비용은 노동자들이 노동력을 유지하고 노동자 계급이 모두 죽어 사라지지 않도록 하는 데 필요한 만큼의 생활 수단에 근거한다. 다시 말해 노동자는 자기 노동의 대가로 이 목적에 필요한 것보다 더 많이 벌지 못한다. 노동의 비용 또는 임금은 생계에 필요한 최저치 즉 미니멈인 것이다. 그러나 경기가 좋아졌다 곧 나

빠졌다 하기 때문에, 공장주가 자기 상품으로 더 많이 받다가 곧 더 적게 받는 것처럼 노동자도 더 많이 받다가 곧 더 적게 받게 된다. 그러나 공장주가 호경기와 불경기의 평균으로 상품의 생산 비용보다 더 많이 받지도 않고 더 적게 받지도 않는 것처럼, 노동자도 평균적으로 이 최저 생계비보다 더 많이 얻지도 않고 더 적게 얻지도 않는다. 노동 임금의 이런 경제 법칙은 대규모 산업이 모든 노동 부문을 점유하면 할수록 점점 더 엄격하게 실행된다.

6. 산업혁명 전에는 어떤 노동자 계급들이 있었는가?

노동하는 계급은 다양한 사회 발전 단계에 따라 다양한 상태에서 살았고, 소유하고 지배하는 계급들에 대해 다양한 입장을 가져왔다. 고대에 노동하는 사람들은, 여러 후진국이나 미합중국의 남부 지방에서 여전히 그러하듯, 소유자의 노예들이었다. 중세의 노동자들은 헝가리, 폴란드 그리고 러시아에서 지금도 여전히 그런 것처럼, 토지 소유 귀족의 농노들이었다. 그 밖에도 중세에 그리고 산업혁명이 일어날 때까지 도시에는 수공업 도제들이 있었는데, 이들은 소시민 장인들을 고용했다. 매뉴팩처의 발전과 더불어 서서히 매뉴팩처 노동자들이 나타나는데, 이들은 이미 좀 더 큰 자본가들에게 고용되어 있었다.

7. 프롤레타리아는 어떤 점에서 노예들과 구분되는가?

노예는 한번에 팔려간다. 프롤레타리아는 매일, 매시간 자신을 팔아야 한다. 한 주인의 재산인 노예 개개인은 주인과의 이해관계로 인해 아무리 비참하다 해도 생존은 보장받는다. 누군가 필요한 사람이 있어야 자신의 노동을 팔 수 있는 프롤레타리아 개개인, 이른바 전체 부르주아 계급의 재산인 그들은 확실한 생존을 이어갈 수 없다. 이 생존은 전체 노동자 계급에게만 보장된다. 노예는 경쟁 밖에 있지만, 프롤레타리아는 경쟁 속에 있으며 경쟁의 모든 동요를 느낀다. 노예는 하나의 물건으로 간주되지 시민 사회의 구성원으로 간주되지 않는다. 프롤레타리아는 인격으로, 시민 사회의 구성원으로 인정된다. 따라서 노예가 프롤레타리아보다 더 나은 생활을 할 수 있지만, 프롤레타리아는 사회의 높은 발전 단계에 속하며 스스로도 노예보다 더 높은 단계에 서 있다. 노예는 모든 사적 소유의 관계에서 단지 노예 제도의 관계만을 폐지하고 그렇게 하여 비로소 프롤레타리아가 됨으로써 해방된다. 그런데 프롤레타리아는 오로지 사유재산 자체를 폐지함으로써만 해방될 수 있다.

8. 프롤레타리아는 어떤 점에서 농노와 구별되는가?

농노는 수확의 일부를 세금으로 넘겨주거나 노역하는 대가로 생산 도구, 즉 한 뙈기의 땅을 소유하고 사용한다. 프롤레타리아는 다른 사람의 생산 도구를 가지고, 그 사람의 책임하에 수입의 일부를 받기 위해 일한다. 농노는 수입의 일부를 내지만 프롤레타리아에게는 수입의 일부가 주어진다. 농노는 생존이 보장되지만 프롤레타리아는 그렇지 않다. 농노는 경쟁 밖에 있지만 프롤레타리아는 그 안에 서 있다. 농노는 도시로 도망가 거기서 수공업자가 됨으로써 또는 노동이나 생산물 대신 화폐를 지주에게 주고 자유로운 소작농이 됨으로써 또는 영주를 몰아내고 스스로 지주가 됨으로써, 간단히 말해 이런저런 방식으로 소유 계급이 되어 경쟁에 뛰어들면서 해방된다. 프롤레타리아는 경쟁, 사유재산과 모든 계급적 차이들을 폐지함으로써 해방된다.

9. 프롤레타리아는 수공업자와 어떤 점에서 차이가 나는가?[17]

10. 프롤레타리아는 매뉴팩처 노동자와 어떤 점에서 차이가 나는가?

16세기에서 18세기까지의 매뉴팩처 노동자는 거의 어디에서나 한 가지 생산 도구를, 즉 자신의 베틀, 가족을 위한 물레들, 한가한 시간에 경작하는 조그만 밭을 소유했다. 이 모든 것이 프롤레타리아에게는 없다. 매뉴팩처 노동자는 거의 항상 농촌에 살았고, 지주나 고용주와 어느 정도 가부장적인 관계를 맺고 있었다. 프롤레타리아는 대개 대도시에 살면서,

고용주와는 순전히 금전 관계를 맺고 있다. 매뉴팩처 노동자는 대규모 산업으로 인해 가부장적인 관계들에서 쫓겨 나와 보유하고 있던 재산을 잃고 그로 인해 비로소 프롤레타리아가 된다.

11. 산업혁명의 직접적 결과는 무엇이며, 부르주아와 프롤레타리아로의 사회 분열의 직접적 결과는 무엇인가?

우선 기계 노동으로 말미암아 점점 더 저렴해지는 산업 생산품의 가격으로 세계의 모든 나라에서 과거의 매뉴팩처 제도 또는 손노동에 기초를 둔 산업은 완전히 파괴되었다. 이제까지 어느 정도 역사 발전과는 인연이 없었으며 그 산업의 기반이 매뉴팩처에 있었던 모든 반半야만 국가는 이로 인해 폐쇄 상태에서 강제로 끌려 나오게 되었다. 이 국가들은 영국인들의 염가 상품을 구매했고 자국의 매뉴팩처 노동자들을 몰락하도록 내버려두었다. 그렇게 함으로써 수천 년 동안 발전을 이룩하지 못한 나라들, 가령 인도가 철저하게 개혁되었고 중국조차 이제 혁명을 향해 가고 있다. 오늘 영국에서 발명한 기계 하나가 일 년 안에 중국의 수백만 노동자의 밥줄을 끊을 지경에 이르렀다. 이런 식으로 대규모 산업은 지구의 모든 민족을 서로 연결시켰고 모든 작은 지역 시장을 함께 모아 세계 시장으로 만들었으며 곳곳에 문명과 진보를 준비했고, 문명국에서 일어나는 모든 일이 다른 국가들에게 영향을 미치는 정도가 되어 이제 영국이나 프랑스에서 노동자들이 해방되면 이는 분명 다른 모든 국가에서 혁명을 초래하게 되며, 이 혁명은 조만간에 그곳 노동자들의 해방을 가져온다.

둘째, 산업혁명은 대규모 산업이 매뉴팩처의 자리를 차지한 곳이라면 어디서나 부르주아지와 그들의 부와 권력을 최고로 발전시키고 그들을 나라의 제1의 계급으로 만들었다. 그 결과 이런 일이 일어나는 곳에서는 항상 부르주아지가 정치 권력을 장악하고 이제까지 지배하던 계급들, 즉 귀족들, 길드 시민들 그리고 이 둘을 대변하는 절대 왕권을 몰아냈다. 부르주아지는 장자 상속권 또는 매매 불가능한 토지 소유권과 귀족이 지닌 모든 특전을 폐지함으로써 귀족 계급, 귀족의 권력을 파괴했다. 그들은 모든 길드와 수공업의 특권을 폐지함으로써 길드 시민의 권력을 무너뜨렸다. 이 두 권력 대신에 그들은 자유 경쟁, 즉 각자가 원하는 산업 부문을 경영할 수 있는 권리를 가지며, 그것을 경영하는 데서 필요한 자본의 부족 외에는 어떤 것도 그들에게 장애가 될 수 없는 사회적 상태를 마련했다. 따라서 자유 경쟁의 도입이 공개적으로 천명하는 것은 사회의 구성원들이 이제부터는 그들이 가진 자본이 불평등한 만큼만 불평등하고, 자본이 결정적인 권력이 되었으며, 그로써 자본주의자들 즉 부르주아지가 사회의 제1의 계급이 되었다는 사실이다. 그러나 자유 경쟁은 대규모 산업이 발생할 수 있는 유일한 사회 상태이기 때문에 대규모 산업이 시작되기 위해서는 반드시 필요하다. 부르주아지는 그렇게 귀족과 길드 시민의 사회적 권력을 파괴한 다음 이들의 정치 권력까지 파괴한다. 사회에서 제1의 계급으로 부상한 것처럼 그들은 정치적 형태로도 제1의 계급임을 선언한다. 그들은 대의제를 도입하여 이 일을 실행한다. 대의제는 법 앞에서의 시민적 평등, 자유 경쟁의 법적 인정에 기초를 두고 있으며 유럽 국가에서는 입헌 군주제의 형태로 도입되었다. 이 입헌 군주제에서는 일정한 자본을 소유하고 있는 사람들, 다시 말해 부르주아지만이 유권자가 된다. 이 부르주아지 유권자들은 대표자들을 선출하고 이 부르주아지 대표자들은 조세 거부권을 수단으로 부르주아지 정부를 선출한다.

셋째, 산업혁명은 부르주아지를 육성한 것과 같은 정도로 어디에서나 프롤레타리아트를 육성한다. 부르주아가 부유해지는 정도에 비례하여 프롤레타리아는 수적으로 증가한다. 프롤레타리아는 자본을 통해서만 일에 종사할 수 있으며 자본은 노동자들을 고용할 경우에만 증가하기 때문에, 프롤레타리아트의 증가는 자본의 증가와 보조를 같이한다. 산업혁명은 동시에 부르주아나 프롤레타리아를 가장 유리한 조건에서 산업 경영이 이루어질 수 있는 대도시로 집결시키고, 또 한 장소에 거대한 대중을 던져놓음으로써 프롤레타리아들에게 자신들의 강점을 의식할 기회를 준다. 더 나아가 대규모 산업이 발달하면 할수록, 손노동을 몰아내는 신식 기계들이 점점 더 많이 발명되면 될수록, 대규모 산업은, 이미 말했듯이, 임금을 최소치로 낮추고 그로써 프롤레타리아의 처지는 점점 더 참을 수 없을 정도가 된다. 그렇게 하여 산업혁명은 한편으로는 불만의 팽배로, 다른 한편으로는 프롤레타리아트 권력의 증가로 프롤레타리아트를 통한 사회 혁명을 준비시킨다.

12. 산업혁명의 다른 결과는 무엇인가?

대규모 산업은 증기기관과 그 밖의 기계들로 산업 생산을 단기간에 적은 비용으로 무한히 증가시킬 수 있는 수단을 창조했다. 이 대규모 산업에서 필연적으로 발생하는 자유 경쟁은 이러한 생산의 용이성으로 극도의 과격성을 띠게 된다. 수많은 자본가들이 산업에 투신하여, 단기간에 소비될 수 있는 것보다 더 많은 생산이 이루어진다. 그 결과 제조된 상품들은 팔릴 수 없게 되고 이른바 상업적 위기가 닥친다. 공장들은 가동을 중지하고 공장주들은 파산하며 노동자들의 밥줄은 끊어진다. 곳곳에서 극도로 비참한 빈곤 상황이 벌어진다. 얼마 후 남아도는 생산품이 팔리고, 공장들은 가동하기 시작하며, 임금은 상승하고, 경기는 서서히 과거보다 좋아진다. 그러나 그리 오래가지 않아 다시 너무 많은 상품들이 생산되고, 새로운 공황이 닥치며, 이 공황은 종전과 똑같은 진행 과정을 거친다. 그렇게 하여 이 세기가 시작된 이래 산업의 상태는 번영의 시기와 공황의 시기 사이에서 지속적으로 동요하며, 거의 정기적으로 5년에서 7년마다 그런 공황이 나타난다.[18] 매번 이 공황은 노동자들의 최대 빈곤, 전반적인 혁명적 소요 그리고 극도로 위험에 빠진 기존의 상황 전체와 연결된다.

13. 이처럼 규칙적으로 반복되는 상업 공황에서 어떤 결과가 초래되는가?

첫째, 대규모 산업은 발전 초기에는 비록 자유 경쟁을 산출했지만 이제는 자유 경쟁이 감당할 수 없을 정도로 성장했고, 경쟁과 개인의 산업 생산 자체가 대규모 산업에 족쇄가 되었다. 대규모 산업은 이 족쇄를 끊어야 하고 또한 끊을 것이다. 대규모 산업이 현 기반 위에서 이루어지는 한, 그것은 7년마다 되풀이되는 일반적인 혼란이 있어야만 유지될 수 있다. 이 혼란은 매번 전체 문명을 위협하고 프롤레타리아를 빈곤으로 몰고 갈 뿐만 아니라 다수의 부르주아지도 파멸시킨다. 따라서 대규모 산업 자체를 완전히 접어야 하든가—이는 절대 불가능한 일이다—또는 서로 경쟁하는 공장주들뿐만 아니라 전체 사회가 확고한 계획에 따라 그리고 모든 사람의 욕구에 따라 산업 생산을 주도하게 되는 전혀 새로운 사회 조직의 요청이 불가피하게 된다.

둘째, 대규모 산업과 이로 말미암아 가능해진 생산의 무한한 확장은, 거의 모든 생활 필수품을 현실로 만들고 사회의 모든 구성원이 그로 인해 자신의 모든 힘과 소질을 완전한 자유 속에서 발전시키고 작동시킬 수 있는 능력을 가질 수 있을 정도로 모든 생활 필수품이 충분히 생산되는 사회 상태를 가능하게 만든다. 그 결과 현재 사회에서 모든 빈곤과 상업 공황을 발생시킨 대규모 산업의 그 특성이 전혀 다른 사회 조직에서는 바로 이 빈곤과 이 불행을 가져오는, 경기 변동을 파괴하는 특성이 된다. 다시 말해 명백하게 증명된 것은

① 이제부터 이 모든 폐해는 상황에 더 이상 맞지 않는 사회 질서의 책임으로 돌려야 하며,

② 새로운 사회 질서를 통해 이 폐해를 완전히 제거할 수 있는 수단이 존재한다는 것이다.

14. 이 새로운 사회 질서는 어떤 종류의 것이 되어야 하는가?

새 질서는 무엇보다 산업과 모든 생산 부문의 경영 자체를 서로 경쟁하는 개인들의 손에서 빼앗아 전체 사회를 통해, 다시 말해 공동 책임하에 공동의 계획에 따라 사회의 전 구성원들의 동참 아래 경영되도록 해야 한다. 다시 말해 새 질서는 경쟁을 없애고 그 자리에 연합을 내세울 것이다. 개

인의 산업 경영의 필연적인 결과는 사유재산이기 때문에, 그리고 경쟁은 개개의 사적 소유자들이 산업을 경영하는 방식 이상도 이하도 아니기 때문에, 사적 소유는 개인의 산업 경영 및 경쟁과 분리할 수 없다. 따라서 사적 소유도 폐지되어야 하며, 그 대신에 모든 생산 수단의 공동 이용 그리고 공동 합의 또는 이른바 공유 재산제에 따라 모든 생산품의 분배가 실행될 것이다. 사유재산의 폐지는 심지어 산업 발전이 필연적으로 초래하는 전체 사회 질서의 개조를 가장 간략하게 가장 특징적으로 요약한 것이며, 그러므로 공산주의자들이 이를 주요 요구 사항으로 강조하는 것은 당연하다.

15. 그렇다면 과거에는 사적 소유의 폐지가 불가능했는가?

그렇다. 사회 질서의 모든 변화, 소유 관계의 모든 전복은 더 이상 낡은 소유 관계에 순응하지 않는 새로운 생산력의 산출이 낳은 필연적 결과이다. 사적 소유 자체도 그렇게 생겨났다. 사적 소유는 항상 존재했던 것이 아니라, 중세 말 무렵 매뉴팩처에서 당시 봉건적 소유 및 동업조합 소유를 따르지 않는 새로운 종류의 생산이 이루어졌고, 이 낡은 소유 관계를 벗어나 성장한 매뉴팩처가 새로운 소유 형태, 사적 소유를 만들어낸 것이다. 매뉴팩처와 대규모 산업의 발전 초기에는 사적 소유 외의 다른 어떤 소유 형태, 이 사적 소유에 기초한 사회 질서 외에는 다른 어떤 사회 질서도 가능하지 않았다. 모든 사람에게 충분할 뿐만 아니라 사회적 자본과 지속적인 생산력 발전에 필요한 생산품의 과잉 현상이 계속될 수 있을 정도로 많은 양이 생산될 수 없는 한, 사회의 생산력을 마음대로 처리하는 지배 계급과 억압받는 빈곤 계급은 항상 존재할 것이다. 이 계급들이 어떤 성격을 지니고 있는지는 생산의 발전 단계에 달려 있다. 토지 경작에 의존했던 중세는 우리에게 남작과 농노를 제공했고, 후기 중세 도시들은 우리에게 길드 장인과 도제와 일용 노동자들을, 17세기는 매뉴팩처 경영자들과 매뉴팩처 노동자들을 보여주었으며, 19세기는 대공장주들과 프롤레타리아들을 제시했다. 이제까지 생산력은 모든 사람에게 충분할 정도로 생산될 수 있을 만큼 발전하지 않았으며, 이런 수준의 생산력에 사적 소유는 하나의 족쇄, 하나의 장애물이 되었다는 점은 분명하다. 그러나 이제는, 다시 말해 대규모 산업의 발전을 통해, 첫째 자본주의자들과 미증유의 수준에 이르는 생산력을 산출한 지금, 둘째 이 생산력이 소수 부르주아의 수중에 집중되어 있는 반면 국민 대중이 프롤레타리아가 되는 추세가 늘고 있으며 그에 비례하여 그들의 처지는 더 비참해지고 더 참을 수 없어지고 있는 지금, 셋째 이처럼 쉽게 증가하는 엄청난 생산력이 사적 소유와 부르주아가 감당할 수 없을 정도로 증가해 매 순간 사회 질서를 가장 폭력적으로 혼란시킬 수 있는 지금에야 비로소 사적 소유의 폐지는 가능할 뿐만 아니라 심지어 전적으로 필수적인 것이 되었다.

16. 사적 소유의 폐지는 평화적인 방법으로 가능한가?

그렇게 될 수 있기를 바라는 바이고, 분명 공산주의자들은 결코 이를 반대하지 않을 것이다. 공산주의자들은 모든 모반이 소용없을 뿐만 아니라 심지어 해롭기까지 하다는 것을 너무 잘 알고 있다. 그들은 혁명이 의도적으로, 자의적으로 만들어지지 않으며 그것은 언제 어디서나 개별적인 정당과 전체 계급의 의지 및 지도와 무관한 정황의 필연적인 결과였음을 잘 알고 있다. 그러나 거의 모든 문명국에서 프롤레타리아트의 발전이 강제로 억압되고 있으며, 그렇게 함으로써 공산주의자들의 적들은 혁명이 일어나도록 모든 힘을 다하여 작업하고 있는 것이다. 이 때문에 억압받는 프롤레타리아트가 결국 혁명으로 내몰린다면, 우리 공산주의자들은 행위나 말로 프롤레타리아의 문제를 옹호할 것이다.

17. 사적 소유의 폐지는 단번에 가능할 것인가?

아니다. 기존의 생산력이 공동체 창출에 필요한 정도로 단번에 배가될 수 없는 것과 마찬가지로 이 일도 단번에 이루어지지 않는다. 십중팔구 일어날 프롤레타리아트 혁명은 따라서 점진적으로만 현 사회를 개조할 것이며, 그다음 사적 소유의 폐지에 필요한 양의 생산 수단이 마련되면 이 제도를 폐지할 것이다.

18. 이 혁명은 어떤 발전 경로를 밟는가?

혁명은 무엇보다 민주주의 국가 체제를 그리고 그와 함께 직접, 간접으로 프롤레타리아트의 정치적 지배를 창출할 것이다. 프롤레타리아가 국민의 다수를 이루는 영국에서는 직접적으로. 국민 다수가 프롤레타리아가 아니라 소농민들과 시민들로 이루어진 독일과 프랑스에서는 간접적으로. 이 소농들과 시민들은 이제 막 프롤레타리아트로 전환하는 과정에 있으며 이들의 정치적 이해관계도 점점 더 프롤레타리아트에 의해 좌우되고 그래서 곧 프롤레타리아트의 요구를 따를 수밖에 없을 것이다. 여기에는 아마 2차 투쟁이 필요하겠지만, 이 투쟁도 오로지 프롤레타리아트의 승리로 끝날 수 있을 것이다.

직접 사적 소유를 공격하고 프롤레타리아트의 생존을 보장하는 차후의 조처들을 관철하는 수단으로 민주주의가 곧 이용되지 않는다면, 그것은 프롤레타리아트에게 완전히 무용지물이 될 것이다. 기존 상황의 필연적인 결과로 지금 벌써 나타나고 있는 이 조처들 가운데 가장 중요한 것들은 다음과 같다.

① 누진세, 높은 상속세, 방계 가족(형제, 조카 등)에 대한 상속 폐지, 강제 공채 등.

② 부분적으로 국영 산업과의 경쟁을 통해, 다른 부분으로는 환어음을 통한 직접적인 손해 배상으로 토지 소유자, 공장주, 철도 소유자와 선주들의 재산을 점진적으로 강제 수용.

③ 모든 이민자와 국민 다수를 배반한 반역자들의 재산을 몰수.

④ 노동 조직 또는 국영 농장, 공장과 작업장에 프롤레타리아들을 고용하고, 이를 통해 노동자 간의 경쟁을 없애고, 공장주들이 존립하는 한, 이들이 국가와 동일하게 상승된 임금을 지불할 수밖에 없도록 만든다.

⑤ 사유재산을 완전히 폐지할 때까지 사회의 모든 구성원에게 동일한 강제 노동을 요구. 특히 농업을 위한 산업 군대 육성.

⑥ 국가 자본을 소유한 국영 은행을 통해 국가의 수중에 신용 제도와 금융업을 집중하고, 모든 민영 은행과 은행가들을 금지한다.

⑦ 국영 공장과 작업장, 철도와 선박의 증설, 국가 처분에 맡겨진 자본과 노동자의 증가에 비례하여 모든 땅의 개간과 개간된 땅의 개량 작업.

⑧ 아동들이 어머니의 초기 보살핌 없이도 지낼 수 있는 순간부터 국가 비용으로 국가 기관에서 모든 아동을 교육한다.

⑨ 공업이나 농업에 종사하는 국가 시민의 공동체를 위해 공동 주택으로서 국영 농장에 대저택들을 건설하고, 도시 생

활과 농촌 생활의 단점과 일면성을 공유하지 않으면서 그 이점들을 하나로 결합시킨다.

⑩ 건강에 해롭게 잘못 지어진 주택들과 도시 구역을 파괴한다.

⑪ 사생아나 적출자 모두에게 동등한 상속권.

⑫ 모든 수송 수단의 국유화.

물론 이 모든 조처는 한 번에 실행될 수 없다. 그러나 하나의 조처는 항상 다른 조처를 낳을 것이다. 사적 소유에 최초의 과격한 공격이 한번 이루어지면, 프롤레타리아트는 계속 나아갈 수밖에 없으며 항상 모든 자본, 모든 농경지, 모든 산업, 모든 수송 수단, 모든 거래를 국가의 수중에 집중시킬 수밖에 없다는 점을 인식하게 된다. 이 모든 조처는 이를 목표로 하고 있으며, 나라의 생산력이 프롤레타리아트의 노동을 통해 배가되는 정도에 비례하여 이 조치들이 실행될 것이고, 그 집중화하는 결과들을 전개할 것이다. 마침내 모든 자본, 모든 생산과 모든 교역이 국가의 손에 들어오면, 사적 소유는 저절로 폐지되고 돈은 쓸모없어지며, 마지막 남은 낡은 사회의 교류 형태조차도 사라질 수 있을 정도로 생산은 증가하고, 인간들은 변할 것이다.

19. 이 혁명이 한 나라에서만 진행될 수 있는가?

아니다. 대규모 산업은 세계 시장을 창출함으로써 각 민족이 다른 민족에서 일어나는 일에 의존하게 될 정도로 지구상의 모든 민족, 특히 문명 민족들을 서로 연관시켜놓았다. 더 나아가 대규모 산업은 모든 문명국에서 부르주아지와 프롤레타리아트가 사회의 결정적인 두 계급이 되고, 이 두 계급 간의 투쟁이 일상의 주요 투쟁이 될 정도로 사회 발전을 동일하게 만들었다. 그러므로 공산주의 혁명은 단순히 국가적 혁명이 아니라 모든 문명국, 다시 말해 영국, 아메리카, 프랑스와 독일에서 동시에 전개되는 혁명이 될 것이다. 이 나라 혹은 저 나라가 좀 더 완성된 형태의 산업과 좀 더 큰 국부, 좀 더 큰 양의 생산력을 소유하고 있는가에 따라 나라마다 혁명의 발전 속도가 달라질 것이다. 그러므로 혁명은 독일에서 가장 느리고 어렵게 진행되며, 영국에서 가장 빠르고 쉽게 진행될 수 있다. 혁명은 세계의 나머지 국가들에도 마찬가지로 의미심장한 영향을 미칠 것이며 이제까지의 전개 방식을 완전히 변화시켜 가속화시킬 것이다. 혁명은 이제 보편적인 혁명이 되고 따라서 보편적인 영역을 가질 것이다.[19]

20. 사적 소유의 궁극적 제거의 결과는 무엇이 될 것인가?

사회가 총 생산력을 사용하고 교통 수단이나 생산품을 교환하고 분배하는 권한을 사유 자본가들의 손에서 빼앗아 기존의 수단들과 전체 사회의 욕구에서 도출되는 계획에 따라 관리함으로써, 무엇보다 특히 현재 대규모 산업의 경영과 연

관련 모든 나쁜 결과가 제거된다. 공황은 없어진다. 현 사회 질서에서는 과잉 생산을 의미하며 빈곤의 강력한 원인인 확대된 생산은 다시 충분치 않게 되고, 더욱더 확대되어야 한다. 빈곤을 초래하는 대신, 사회의 직접적인 욕구를 넘어서는 과잉 생산은 모든 사람의 욕구 충족을 보장할 것이며, 새로운 욕구를 그리고 동시에 이를 충족시키는 수단을 산출할 것이다. 그것은 진보의 새 조건이며 동기가 될 것이고, 이제까지처럼 매번 사회 질서를 혼란시키지 않고도 진보를 이룩할 것이다. 사적 소유의 압력에서 벗어난 대규모 산업은 발전하여 확장될 것이며, 이에 비해 현재의 발전 상태는 매뉴팩처가 우리 시대의 대규모 산업에 비해 그런 것처럼 작게 보인다. 이러한 산업 발전은 모든 사람의 욕구를 충족시킬 수 있을 정도로 충분한 양의 생산물을 사회에 제공한다. 이와 마찬가지로 농업도, 즉 사적 소유의 압력과 토지 분할로 이미 이룩한 개선과 과학적 발전을 습득하지 못한 농업도 완전 새롭게 비약할 것이며 매우 충분한 양의 생산물을 사회에 맡길 것이다. 이런 식으로 사회는 모든 구성원의 욕구가 충족되도록 분배할 수 있을 만큼 충분한 생산물을 산출할 것이다. 이로써 사회가 서로 대립하는 다양한 계급들로 분열되는 현상은 무의미해질 것이다. 사회 분열은 쓸데없을 뿐만 아니라 심지어 새로운 사회 질서와 양립할 수 없을 것이다. 계급이 존재하는 것은 분업의 결과인데, 종래의 방식으로 실시되던 분업은 완전히 사라질 것이다. 왜냐하면 산업 생산과 농업 생산을 앞서 서술한 높이까지 향상시키기 위해서는 기계적이고 화학적인 보조 수단만으로는 충분치 않기 때문이다. 이 수단들을 작동시키는 인간의 능력 또한 그에 상응하는 수준으로 발전해야 한다. 앞선 세기의 농부들과 매뉴팩처 노동자들이 대규모 산업으로 끌려 들어갔을 때 자신들의 생활 방식 전체를 바꾸고 스스로 전혀 다른 인간이 되었던 것과 마찬가지로, 전체 사회가 공동으로 운영하는 방식의 생산과 그 결과인 생산의 새로운 발전은 전혀 다른 인간을 필요로 하고 또 산출할 것이다. 생산의 공동 운영은 현재의 인간들로는 이루어질 수 없다. 즉 각자는 하나의 생산 부문에 종속되어 있고 그것에 묶여 있으며 그것에 착취당하고 있고, 각자는 자기 소질들 가운데 단 하나를, 다른 소질들을 희생하면서 개발했고 단 하나의 부문 또는 전체 생산의 한 부문 중에서 이 분야만을 알고 있다. 현재의 산업도 이미 그런 인간들은 그다지 필요로 하지 않는다. 공동 계획을 세워 전체 사회가 운영하는 산업은 모든 방면으로 소질이 개발되어 전체 생산 시스템을 개괄할 능력이 있는 인간들만을 전제한다. 기계 때문에 지금 이미 토대가 허물어진 분업은 한 사람은 농부로, 다른 사람은 제화공으로, 세 번째 사람은 공장 노동자로, 네 번째 사람은 증권업자로 만들었는데, 이러한 분업이 완전히 사라진다. 교육 덕분에 젊은이들은 생산의 전체 시스템을 모두 신속하게 경험할 수 있을 것이다. 사회의 욕구가 또는 젊은이들 본인의 성향이 어떤 동기를 유발하느냐에 따라, 교육은 이들이 차례로 한 생산 부문에서 다른 생산 부문을 거쳐 갈 수 있는 능력을 가지게 해준다. 따라서 교육은 현재의 분업이 각 개인에게 각인시킨 일면적인 성격을 없앨 것이다. 공산주의적으로 조직된 사회는 이런 방식으로 구성원들에게 다방면으로 개발된 소질을 다방면으로 사용할 기회를 제공한다. 이로써 다양한 계급도 필연적으로 사라질 수밖에 없다. 그렇게 하여 공산주의적으로 조직된 사회는 계급의 존립과 양립할 수 없게 되는 한편, 이 사회의 건설 자체가 계급적 차이를 청산하는 수단을 제공한다. 그 결과 도시와 농촌 간의 대립 또한 사라질 것이다. 상이한 두 계급 대신에 동일한 사람들이 농업과 산업을 경영하는 것은 물질적 이유에서 공산주의적 연합의 필수 조건이 된다. 농사짓는 주민들을 농촌에 분산시키는 한편 이와 동시에 산업 인구를 대도시로 몰아넣은 것은 덜 발전한 단계의 농업 및 산업에 상응하는 상태이며, 차후의 모든 발전에 장애가 된다. 이 장애는 지금 벌써 감지된다.

생산력을 공동으로 계획적으로 착취하기 위한 전체 사회 구성원의 일반적인 연합, 모든 구성원의 욕구를 충족시키는 수준으로 생산을 확장하고, 한 사람의 욕구가 다른 사람의 욕구를 희생하여 충족되는 상태를 지양하며, 계급과 계급 대립을 완전히 파괴하고, 종래의 노동 분업을 제거하고 산업 교육을 실시하고 또 자신의 일을 바꿈으로써, 모든 사람에 의해 이루어진 향락에 모든 사람이 참여함으로써, 도시와 농촌을 하나로 융합시킴으로써 모든 사회 구성원의 능력을 다 방면으로 개발하는 것 ─ 이것들이 사적 소유 폐지의 주요 결과물들이다.

21. 공산주의 사회 질서는 가정에 어떤 영향을 미치는가?

그것은 남성과 여성의 관계를 순수한 사적 관계로 만든다. 사적 관계는 오로지 관련 당사자들만의 문제이며 사회는 그 것에 개입해서는 안 된다. 공산주의 사회 질서가 이렇게 할 수 있는 것은 그것이 사적 소유를 폐지하고, 아동들을 공동 으로 교육하며, 이를 통해 종래의 혼인을 지탱했던 두 토대, 즉 사유재산을 수단으로 한 남성에 대한 여성의 의존과 부모 에 대한 아동의 의존을 파괴했기 때문이다. 공산주의적 부인 공유제에 대한 도덕주의적 속물의 비난 어린 외침에 대한 대 답도 여기 들어 있다. 부인 공유제는 전적으로 시민 사회에 특징적인 것이며, 오늘날 매춘에 고스란히 남아 있다. 그러 나 매춘은 사적 소유에 기초하고 있으며, 그와 함께 없어진 다. 따라서 공산주의 조직은 부인 공유제를 도입하는 대신에 오히려 그것을 청산한다.

22. 공산주의 조직은 기존의 국적에 대해 어떤 태도를 취하는가?

—그대로.[20]

23. 그것은 기존의 종교에 대해 어떤 태도를 취하는가?

—그대로.

24. 공산주의자들은 사회주의자들과 어떤 차이가 있는가?

이른바 사회주의자들은 세 계급으로 나뉜다.

첫 번째 계급은 대규모 산업과 세계 무역 그리고 이 둘이 만들어낸 부르주아-사회에 의해 파괴되었고, 아직도 매일매일 파괴되고 있는 봉건적이고 가부장적인 사회의 신봉자들로 이루어졌다. 이 계급이 현 사회의 폐해들에서 이끌어내는 결론은 봉건적이고 가부장적인 사회가 이 폐해들에서 자유롭기 때문에 다시 복구되어야 한다는 것이다. 그들의 제안들은 똑바로 가든 우회해서 가든 모두 이 목표를 향해 간다. 반동적 사회주의자 계급은, 아무리 프롤레타리아트의 빈곤을 동정하고 뜨거운 눈물을 흘리는 척해도, 공산주의자들에게서 격렬한 공격을 받는데, 그 까닭은

① 그들이 전혀 불가능한 것을 얻으려 애쓰기 때문이며,

② 절대주의 왕들이나 봉건 왕들, 관료, 군인과 성직자들을 추종하는 귀족, 동업조합 장인과 제조업자들의 지배를 회

복하려 하기 때문이다. 이 사회는 현 사회의 폐단들에서 자유롭기는 하지만, 그 대신에 적어도 그만큼 많은 폐해를 지니고 있으며, 공산주의 조직을 통해 억압받는 노동자들을 해방시킬 수 있다는 전망조차도 제공하지 않는 사회이다.

③ 프롤레타리아트가 혁명적, 공산주의적인 세력이 되면 언제나 그들은 자신들의 진정한 의도를 자랑스럽게 내보이고, 그다음 곧 부르주아지와 동맹을 맺어 프롤레타리아들에게 대항한다.

두 번째 계급은 현 사회의 지지자들로 구성되는데, 이들은 필연적으로 나타나는 폐해들로 인해 이 사회의 존립을 걱정하게 되었다. 따라서 그들은 현 사회를 유지하려 하지만 이와 연결된 폐해를 제거하려고도 한다. 이런 목적으로 일군의 사람들은 단순한 자선 조치를 제안하고, 다른 사람들은 사회를 재편한다는 구실하에 현 사회의 토대들, 또 이와 함께 현 사회를 유지하려는 거대한 개혁 시스템을 제안한다. 이 부르주아-사회주의자들도 역시 공산주의자들의 지속적인 투쟁 대상이어야 하는데, 그것은 그들이 공산주의자들의 적들을 위해 일하며 공산주의자들이 타도하려는 사회를 옹호하기 때문이다.

마지막으로 세 번째 계급은 민주적 사회주의자들로 구성되는데, 이들은 공산주의자들과 동일한 방법으로 18번 질문에서 제시된 조치의 일부를 원하지만, 공산주의로의 이행 수단으로서가 아니라 빈곤을 퇴치하고 현 사회의 폐해를 사라지게 만들기에 충분한 조처들로서 그것을 원한다. 이 민주적 사회주의자들은 자기 계급의 해방 조건에 있어서 아직 충분히 계몽되지 않은 프롤레타리아이거나 또는 소시민의 대표자들이다. 소시민은 민주주의와 거기서 도출되는 사회주의적 조처들의 획득에 이르기까지 여러 면에서 프롤레타리아들과 동일한 이해관계를 가진 계급이다. 그러므로 이 민주적 사회주의자들이 지배 부르주아지에게 고용되지 않는 한, 또 공산주의자들을 공격하지 않는 한, 행동의 순간에 이들과 타협해야 할 것이며 그 순간을 위해 가능한 한 공동 정책을 따라야 할 것이다. 이러한 공동 행동 방식이 이들과의 차이점에 대한 토론을 배제하지 않는다는 점은 분명하다.

25. 공산주의자들은 우리 시대의 나머지 정당들과 어떤 관계에 있는가?

이 관계는 나라마다 다르다. 부르주아지가 지배하는 영국, 프랑스와 벨기에의 공산주의자들은 여러 민주 정당들과 여전히 공통된 이해관계를 가지고 있다. 민주주의자들이 이제 곳곳에서 자신들이 변호하는 사회주의적 조처들을 통해 공산주의자들의 목표에 근접할수록, 다시 말해 그들이 프롤레타리아트의 이해관계를 더 분명하고 더 확실하게 대변할수록, 그들이 프롤레타리아트에게 더욱더 기댈수록, 공동의 이해관계는 그만큼 더 커진다. 예를 들면 영국에서는 노동자들로 이루어진 차티스트들이 민주적 소시민이나 이른바 급진파들보다 훨씬 더 공산주의자들과 가깝다.

민주주의 헌법 체제가 도입된 아메리카의 공산주의자들은, 이 체제를 부르주아지와 대항하는 방향으로 돌리고 그것을 프롤레타리아트의 이해관계를 위해 이용하려는 정당, 다시 말해 토지 분배 국민개혁파들과 관계를 유지해야 할 것이다.

스위스의 급진파들은 비록 혼합 정당이긴 하지만 그럼에도 불구하고 공산주의자들이 관계를 맺을 수 있는 유일한 정당이며, 이 급진파 가운데 바틀란트Waadtland 정당과 제네바 Geneva 정당이 가장 진보적이다.

마지막으로 독일은 부르주아지와 절대 왕정 간의 결전을 아직 눈앞에 두고 있다. 그러나 공산주의자들은 부르주아지가 지배할 때까지는 부르주아지와의 결정적 투쟁을 고려하지 않기 때문에, 부르주아지가 가능한 한 빨리 권력을 잡도록 도와주고 다시 곧 이들을 타도하는 것이 공산주의자들이 원하는 바이다. 따라서 정부에 대하여 공산주의자들은 항상 자유주의 부르주아-정당의 편을 들어야 하며 부르주아의 자기 기만들을 공유하지 않도록 또는 부르주아지의 승리가 프롤레타리아트에게 유익한 결과를 가져올 것이라는 그들의 유혹적인 확언을 믿지 않도록 조심해야 한다. 부르주아지의 승리가 공산주의자들에게 제공하는 유일한 이점은 ① 공산주의자들에게 자신들의 원칙의 옹호, 토론과 확산을 용이하게 해주고 그로써 프롤레타리아트가 긴밀하게 연합하여 투쟁의 준비를 갖추고 조직화된 계급으로 쉽게 단합할 수 있도록 해주는 다양한 허가들과, ② 절대 정부가 무너지는 날 부르주아와 프롤레타리아들 간의 투쟁이 시작될 차례가 되었다는 확신에 있다. 이날부터 공산주의자들의 정당 정책은 부르주아지가 현재 지배하고 있는 국가들의 정책과 동일하게 될 것이다.

1847년 10월 말에서 11월까지 씀

제3장

《공산당선언》의
서문들

1. 1872년 독일어판 서문

당시의 상황에서는 당연히 비밀 단체일 수밖에 없었던 '공산주의자 동맹', 즉 국제 노동자 단체는 1847년 11월 런던에서 개최된 대회에서 공표하기 위한 것으로 상세한 이론적, 실천적 당 강령을 작성할 것을 서명자들에게 위임했다. 그렇게 하여 다음의 선언문이 탄생했는데, 그 원고는 2월 혁명이 일어나기 몇 주 전 인쇄하기 위해 영국으로 건너왔다. 우선 독일어로 출판되었고, 독일, 영국과 아메리카에서 적어도 열두 종의 독일어판이 인쇄되었다. 영어판은 1850년 런던에서 헬렌 맥팔레인Helen Macfarlane의 번역으로 《붉은 공화주의자Red Republican》에 처음 게재되었고, 1871년에는 적어도 세 가지 번역본으로 미국에서 출판되었다. 프랑스어로는 1848년 6월 봉기 직전에 출판되었고, 최근에는 뉴욕의 《사회주의자Le Socialiste》에 실렸다. 새로운 번역이 준비되고 있다. 폴란드어로는 런던에서 독일어판 발간 직후에 출판되었다. 러시아어로는 제네바에서 1860년대에 번역되었다. 덴마크어로는 출판 직후 곧 번역되었다.

지난 25년간 상황이 아무리 많이 변했다 하더라도《공산당선언》에서 개진된 일반적인 원칙들은 대체로 오늘날에도 온전한 타당성을 지니고 있다. 몇 가지 개별적인 것들은 여기저기 개선되어야 할 것이다.《공산당선언》자체가 천명하고 있듯이 이 원칙의 실천적 적용은 언제 어디서나 역사적으로 주어진 상황에 따라 달라질 것이며, 그러므로 2절 마지막에 제안한 혁명적 조처들에 특별한 비중이 놓인 것은 결코 아니다. 오늘날 이 구절들은 여러 면에서 다르게 쓰여야할 것이다. 지난 25년간 괄목할 성장을 이룬 대규모 산업과, 이와 함께 진일보한 노동자 계급의 정당 조직에 비추어볼 때, 또 2월 혁명을 필두로 프롤레타리아트가 처음으로 2개월동안 정치 권력을 장악했던 파리 코뮌에 이르는 실제 경험에 비추어볼 때, 오늘날 이 강령은 부분적으로 낡은 것이 되었다. 특히 코뮌은 "노동자 계급은 완벽한 국가 기구를 단순히 소유하여 그것을 자신의 목적에 맞게 작동시킬 수 없다"라는 것을 증명했다(《프랑스의 내전. 국제 노동자 연합 총평의회의 담화문*Der Bürgerkrieg in Frankreich. Adresse des Generalraths der Internationalen Arbeiter-Association*》, 독일어판 19쪽을 참조하라. 여기에 이에 관해 자세하게 개진되어 있다). 더 나아가 사회주의 문헌 비판은 1847년까지의 문헌들만 고려했기 때문에 오늘날에는 미흡하다는 것은 자명하다. 마찬가지로 자명한 것은 여러 반대 정당들에 대한 공산주의자들의 입장(4절)에 관한 소견도, 그 요점은 오늘날에도 여전히 타당하지만, 그것을 실천하는 측면에서는 정치 상황이 총체적으로 바뀌었고 역사 발전으로 인해 거기서 열거된 정당들 대부분이 세상에서 사라졌기 때문에 이미 낡아버렸다는 것이다.

그럼에도 불구하고《공산당선언》은 역사적 기록으로서, 그것을 고칠 권리는 더 이상 우리에게 없다. 차후에 출판될 판에는 아마 1847년에서 현재까지의 간격을 메울 수 있는 서문이 실릴 것이다. 본 판본은 예기치 못한 것이어서 이에 필요한 시간이 없었다.

1872년 6월 24일, 런던

카를 마르크스 · 프리드리히 엥겔스

2. 1882년 러시아어판 서문

"《공산당선언》의 러시아어 초판은 바쿠닌Mikhail Aleksandrovich Bakunin의 번역으로 60년대 초에《종Kolokol》인쇄소에서 나왔다. 당시 서구에게 이 러시아어판은 기껏해야 문헌적 진귀품의 의미밖에 없었다. 오늘날 그런 소견은 더 이상 가능하지 않다.《공산당선언》이 처음 출판되었을 당시 프롤레타리아 운동의 확산 지역이 얼마나 제한되어 있었는지는 선언의 마지막 절 〈여러 반대 정당들에 대한 공산주의자들의 입장〉에서 가장 잘 드러난다. 여기에는 특히 러시아와 미합중국이 빠져 있다. 당시 러시아는 유럽 반동주의의 마지막 거대 예비군을 형성하고 있었으며, 미합중국으로의 이주가 유럽 프롤레타리아트에게 남아 있던 힘을 흡수하던 때였다. 이 두 나라는 유럽에 원료를 공급했고 동시에 산업 생산품의 판매 시장 역할을 했다. 다시 말해 이 두 나라는 이런저런 방식으로 유럽의 사회 질서를 지탱하는 버팀목처럼 보였다.

그런데 오늘날 이 모든 상황은 얼마나 달라졌는가! 바로 유럽 이민 덕분에 미국 농업은 엄청난 발전을 이룩했고, 그것은 경쟁을 통해 유럽의 크고 작은 토지 소유의 기반을 뒤흔들고 있었다. 이민은 미합중국에 풍부한 산업 자원들을 개발할 수 있는 가능성을 동시에 부여했는데, 이 개발은 짧은 시간 안에 유럽의 산업적 독점을 끝장낼 수 있을 정도의 정력과 규모로 이루어졌다. 이 두 가지 정황은 다시금 아메리카에도 혁명적 방향으로 영향을 미쳤다. 아메리카의 전체 정치 질서의 근간을 이루는 자영농들의 중소 규모의 토지 소유는 점점 거대 농장과의 경쟁에서 패배하는 한편, 동시에 산업 지역에서는 믿기 어려울 정도로 엄청난 자본 집중과 병행하여 처음으로 수많은 프롤레타리아트가 형성되고 있었다.

러시아로 가보자. 1848~1849년 혁명 당시 유럽의 군주들뿐만 아니라 부르주아들도 당시 막 자신의 힘을 인식해가던 프롤레타리아트에게서 구조될 수 있는 유일한 방법은 러시아의 개입이라 생각했다. 그들은 차르를 유럽 반동의 우두머리로 선포했다. 오늘날 차르는 혁명의 포로로 가치나Ga-tschina에 앉아 있으며 러시아는 유럽 혁명 운동의 전위부대를 이루고 있다.

《공산당선언》의 과제는 피할 수 없이 눈앞에 다가온 현재의 시민적 소유의 몰락을 선포하는 것이다. 그러나 우리는 러시아에서 성급하게 발전하고 있는 자본주의 질서와 이제 막 형성 중인 시민적 토지 소유에도 불구하고 농민이 토지의 절반 이상을 공동 소유하고 있음을 알게 된다. 이제 제기되는 질문은, 이 러시아의 농민 공동체, 갈기갈기 찢어진 형태의 야생적 토지 공동 소유가 바로 공산주의 토지 소유라는 다소 고차원적 형태로 넘어갈 수 있는가 또는 그 이전에 서구의 역사적 발전에서 나타났던 동일한 해체 과정을 거쳐야 하는가이다.

오늘날 이 질문에 대해 유일하게 가능한 대답은 다음과 같다. 러시아 혁명이 서구의 노동자 혁명의 신호탄이 되어 이 두 혁명이 서로 보충한다면, 현재 러시아의 공동 소유는 공산주의 발전의 출발점이 될 수 있을 것이다.

1882년 1월 21일, 런던

카를 마르크스 · 프리드리히 엥겔스

3. 1883년 독일어판 서문

유감스럽게도 본 판본의 서문에는 나 혼자 서명할 수밖에 없다. 유럽과 아메리카의 전체 노동자 계급이 다른 어떤 사람에게보다 많은 빚을 진 마르크스는 지금 하이게이트 묘지에 잠들어 있으며 그의 무덤 위로 벌써 첫 새싹이 자라고 있다. 그가 죽은 이래 《공산당선언》의 개정이나 보충은 정말 논의의 대상이 될 수 없다. 그런 만큼 여기서 다시 한 번 다음 사항을 명시적으로 확인하는 일이 더 필요하다고 생각한다.

《공산당선언》을 관통하는 근본 사상은 다음과 같다. 각각의 역사적 시대의 경제적 생산과 그 필연적인 산물인 사회 구조는 이 시대의 정치사와 지성사의 토대를 이룬다. 그리고 그에 따라 (태고의 토지 공동 소유가 해체된 이후) 전체 역사는 계급 투쟁의 역사, 즉 사회 발전의 다양한 단계에서 피착취 계급과 착취 계급, 피지배 계급과 지배 계급 사이에 이루어지는 투쟁의 역사이며, 이제 이 투쟁은, 전체 사회를 착취, 억

압과 계급 투쟁에서 영구적으로 해방시키지 않고서는, 착취
당하고 억압받는 계급(프롤레타리아트)이 착취하고 억압하는
계급(부르주아지)에게서 해방될 수 없는 단계에 이르렀다―
이 근본 사상은 오로지 전적으로 마르크스의 것이다.

　나는 이미 이 사실을 종종 말해왔다. 그러나 바로 지금 이
말이 《공산당선언》 앞에 놓일 필요가 있다.

1883년 6월 28일, 런던

프리드리히 엥겔스

4. 1888년 영어판 서문

　《공산당선언》은 처음에는 독일만의 노동자 연합이었다
가 나중에는 국제적 연합이 된 '공산주의자 동맹'의 강령으
로 출판되었는데, 이 동맹은 1848년 유럽 대륙의 정치 상황
에서는 불가피하게 비밀 조직이었다. 1847년 런던에서 열린
동맹 회의에서 마르크스와 엥겔스는 하나의 완결된, 이론적
이고 실천적인 당 강령의 출판을 준비하여 실행에 옮길 것을
위임받았다. 독일어로 작성된 선언은 2월 24일의 프랑스 혁
명이 일어나기 몇 주 전인 1848년 1월 인쇄를 위해 런던으로
보내진다. 프랑스어 번역본은 1848년 6월 봉기 직전 파리에

서 나왔다. 헬렌 맥팔레인 양의 수고로 첫 영역본은 1850년 런던에서 조지 줄리언 하니George Julian Harney의 《붉은 공화주의자》에 실렸다.

1848년 파리의 6월 봉기—프롤레타리아트와 부르주아지 사이에 벌어진 이 최초의 대전투—의 진압으로 노동자들의 사회적, 정치적인 기도는 당분간 다시 뒷전으로 밀려났다. 그 후 2월 혁명 이전의 시기처럼 유산 계급 내의 여러 집단 간에 주도권 쟁탈전이 다시 전개되고 있다. 노동자 계급은 정치적으로 겨우 운신할 정도의 자유를 얻기 위한 투쟁으로, 그리고 중산층 급진파의 극좌 진영의 위치로만 제한되었다. 독자적인 프롤레타리아 운동이 계속 생명의 징후를 보이는 곳에서는 어디든 무자비하게 진압되었다. 그렇게 해서 프로이센 경찰은 당시 쾰른에 자리 잡았던 공산주의자 동맹의 중앙위원회를 적발했다. 위원들은 체포되어 18개월간의 수감을 거쳐 1852년 10월 법정에 세워졌다. 이 유명한 '쾰른 공산주의자-재판'은 10월 4일에서 11월 12일까지 지속되었다. 피고인 가운데 일곱 사람이 3년에서 6년의 요새 금고형을 선고받았다. 선고 직후 남아 있던 위원들은 형식적으로 동맹을 해체했다. 《공산당선언》은 그때부터 잊힐 운명에 처한 것처럼 보였다.

유럽의 노동자 계급이 지배 계급을 다시 공격하기에 충분한 힘을 비축했을 때 국제 노동자 연합이 탄생했다. 투쟁 의

사가 있는 유럽과 아메리카의 전체 프롤레타리아트를 묶어 하나의 유일한 단체로 만든다는 명확한 목표를 가지고 창설된 이 연합은《공산당선언》에 적힌 원칙들을 바로 천명할 수 없었다. 인터내셔널(국제노동자동맹)은 영국의 노동조합들과 프랑스, 벨기에, 이탈리아와 스페인의 푸르동 추종자들과 독일의 라살파들[21]이 수용할 수 있을 정도로 폭이 넓은 강령을 가져야만 했다. 이 강령을 모든 당파가 만족할 수준으로 작성한 마르크스는 노동자의 지적 발전, 행동과 토론의 결합에서부터 필연적으로 나타날 발전을 확고하게 믿고 있었다. 자본과의 투쟁에서 발생할 사건과 부침, 즉 승리보다는 패배가 사람들로 하여금 그들이 애용하는 엉터리 치료의 불충분함을 의식하게 했으며 노동자 계급 해방의 진정한 전제 조건을 좀 더 완벽하게 통찰할 수 있는 길을 열어주었을 것이다. 그리고 마르크스가 옳았다. 인터내셔널은 1874년 와해되었을 때, 1864년 창설 당시 볼 수 있었던 노동자들과는 다른 상태에 처해 있는 노동자들을 남겨놓았다. 프랑스의 프루동주의, 독일의 라살주의는 소멸하고 있었으며 보수적인 영국의 노동조합들도, 비록 대다수가 이미 오래전에 인터내셔널과의 관계를 단절하기는 했지만, 그 의장이 작년에 스완지에서 조합의 이름으로 "우리는 더 이상 대륙의 사회주의에 공포를 느끼지 않는다"라고 선언하는 지경에 서서히 이르고 있었다. 실제로《공산당선언》의 원칙들은 모든 나라의 노동자들 사이에서 엄청난 성장을 이루어냈다.

이런 식으로《공산당선언》자체가 다시 전면에 등장하게 되었다. 독일어 원문은 1850년 이래 스위스, 영국과 아메리카에서 여러 차례 새로 중판되었다. 1872년에는 영어로 번역되었는데, 그 번역본은 뉴욕의《우드헐과 클래플린 주간지Woodhull & Claflin's Weekly》에 게재되었다. 이 영역본을 토대로 뉴욕의《사회주의자》에 프랑스어판이 실렸다. 이후 아메리카에서는 적어도 두 가지 이상의 영역본들이, 다소 변형된 형태로 출판되었고, 그중 하나가 영국에서 중판되었다. 바쿠닌이 준비한 첫 번째 러시아어 번역은 1863년 무렵 제네바에서 헤르첸A. J. Herzen이 발행한 잡지《종》에 실렸고 두 번째 번역본은 영웅적인 베라 자술리치Vera Sassulitsch에 의해 1882년 역시 제네바에서 출판되었다. 새로운 덴마크어판은 1885년 코펜하겐의《사회민주주의자 문고Social-demokrat Bibliotek》에서 볼 수 있다. 새로운 프랑스어 번역은 1886년 파리의《사회주의자》에 실렸다. 이 프랑스어 번역에 의거하여 스페인어 번역이 준비되었고 1886년 마드리드에서 출판되었다. 독일어 중판본의 수는 정확하게 셀 수가 없는데, 모두 합쳐 적어도 열두 종은 된다. 몇 달 전 콘스탄티노플에서 출판될 예정이던 아르메니아어 번역은 세상의 빛을 보지 못했는데, 사람들이 내게 전한 바에 따르면 출판업자는 마르크스의 이름이 적힌 책을 출판할 용기가 없었고 번역자는 자신

의 작품으로 표시하기를 거부했기 때문이라고 한다. 그 밖에
도 다른 언어들의 번역은 듣기는 했지만, 직접 보지는 못했
다. 이렇게 《공산당선언》의 역사는 현대 노동자 운동의 역사
를 상당히 반영한다. 그것이 현재 전체 사회주의 문헌 가운
데 가장 널리 퍼졌고 가장 국제적인 작품이며 시베리아에서
캘리포니아에 이르는 수백만 노동자들에게 인정받는 공동
의 강령임은 의심의 여지가 없다.

그럼에도 불구하고 선언이 쓰였을 때 우리는 그것을 사회
주의 선언이라 부를 수 없었다. 1847년에 사회주의자란 유
토피아 체계들의 신봉자, 즉 이미 단순한 종파로 축소되어
서서히 소멸해가고 있던 영국의 오언주의자, 프랑스의 푸리
에주의자를 의미하는 한편, 자본과 이윤은 위험에 전혀 빠뜨
리지 않으면서 갖가지 미봉책으로 온갖 사회적 폐해를 제거
하겠다고 약속하는 잡다한 사회적 돌팔이 의사들을 일컬었
다. 이 두 경우 모두 노동자 운동의 외부에 있으면서 오히려
'교양' 계급에게서 지지를 구했던 사람들이다. 단순한 정치
적 혁명은 충분하지 않다는 점을 확신하면서 사회를 총체적
으로 개조해야 한다고 요구했던 일부 노동자 계급 집단이 당
시 스스로를 공산주의자라 일컬었다. 이는 아직 설익고 다듬
어지지 않았으며 순전히 본능적인 종류의 공산주의였다. 그
러나 그것은 요점에 적중했고 프랑스의 카베Étienne Cabet나
독일의 바이틀링Christian WilhelmWeitling의 유토피아적 공산

주의를 탄생시킬 만큼 노동자 계급 안에서 막강했다. 그러므로 1847년에 사회주의는 중산층의 운동이었고, 공산주의는 노동자 계급의 운동이었다. 적어도 대륙에서 사회주의는 '사교계 살롱에서 받아들여질 수 있을 정도로 품위 있는 것이었고' 공산주의는 그 반대였다. 우리는 처음부터 '노동자 계급의 해방은 노동자 계급 자체가 해내야 할 사업이어야 한다'라는 의견이었기 때문에, 두 이름 가운데 어떤 것을 선택해야 할지에는 의문의 여지가 없었다. 게다가 이후 우리가 그것과 결별한다는 생각은 꿈에도 할 수 없었다.

《공산당선언》은 비록 우리 두 사람의 공동 작업이긴 하지만, 나는 그 핵심을 이루는 근본 사상은 마르크스의 것임을 분명히 해둘 의무가 있다고 생각한다. 이 사상은 다음과 같다. 역사적 시대마다 지배적인 경제적 생산 및 교환 방식 그리고 그 필연적 결과인 사회적 구조는 이 시대의 정치사와 지성사가 서 있는 토대이며 이것들을 설명할 수 있는 유일한 근거를 이룬다. 이에 따라 인류의 전체 역사는 (토지를 공동 소유하던 원시 부족의 해체 이후) 계급 투쟁의 역사, 즉 착취 계급과 피착취 계급 간의, 지배 계급과 피지배 계급 간의 투쟁의 역사였다. 이 계급 투쟁의 역사는 일련의 발전 과정을 거치는데, 현재는 모든 착취와 억압, 모든 계급적 차이와 계급 투쟁에서 단번에 사회를 해방시키지 않고서는, 착취당하고 억압받는 계급―프롤레타리아트―이 착취하고 지배하는 계급—부르주아지—의 압제에서 벗어날 수 없는 단계에 이르렀다.

내 견해로 이 사상은 다윈의 이론이 자연과학을 위해 기초를 놓아 이룩한 것과 같은 발전의 기초를 역사학을 위해 닦을 소명을 받은 것 같은데, 우리 두 사람은 이미 1845년 이전의 몇 년 동안 이 사상에 접근하고 있었다. 내가 독자적으로 이 방향으로 얼마나 멀리 나아가고 있었는지는 나의 《영국 노동자 계급의 처지 *Die Lage der arbeitenden Klasse in England*》[22]에서 가장 잘 드러난다. 그러나 내가 1845년 브뤼셀에서 마르크스를 다시 만났을 때, 그는 그것을 이미 완성했고 내가 위에서 요약했던 것과 같이 명확한 언어로 그것을 내게 내놓았다.

1872년 독일어판에 붙인 우리의 공동 서문에서 다음을 인용한다.

"지난 25년간 상황이 아무리 많이 변했다 하더라도 《공산당선언》에서 개진된 일반적인 원칙들은 대체로 오늘날에도 온전한 타당성을 지니고 있다. 몇 가지 개별적인 것들은 여기저기 개선되어야 할 것이다. 《공산당선언》 자체가 천명하고 있듯이 이 원칙의 실천적 적용은 언제 어디서나 역사적으로 주어진 상황에 따라 달라질 것이며, 그러므로 2절 마지막에 제안한 혁명적 조처들에 특별한 비중이 놓인 것은 결코 아니다. 오늘날 이 구절들은 여러 면에서 다르게 쓰여야 할 것이다. 지난 25년간 괄목할 성장을 이룬 대규모 산업과, 이와 함께 진일보한 노동자 계급의 정당 조직에 비추어볼 때, 또 2월 혁명을 필두로 프롤레타리아트가 처음으로 2개월 동안 정치 권력을 장악했던 파리 코뮌에 이르는 실제 경험에 비추어볼 때, 오늘날 이 강령은 부분적으로 낡은 것이 되었다. 특히 코뮌은 "노동자 계급은 완벽한 국가 기구를 단순히 소유하여 그것을 자신의 목적에 맞게 작동시킬 수 없다"라는 것을 증명했다(《프랑스의 내전. 국제 노동자 연합 총평의회의 담화문》, 독일어판 19쪽을 참조하라. 여기에 이에 관해 자세하게 개진되어 있다). 더 나아가 사회주의 문헌 비판은 1847년까지의 문헌들만 고려했기 때문에 오늘날에는 미흡하다는 것은 자명하다. 마찬가지로 자명한 것은 여러 반대 정당들에 대한 공산주의자들의 입장(4절)에 관한 소견도, 그 요점은 오늘날에도 여전히 타당하지만, 그것을 실천하는 측면에서는 정치 상황이 총체적으로 바뀌었고 역사 발전으로 인해 거기서 열거된 정당들 대부분이 세상에서 사라졌기 때문에 이미 낡아 버렸다는 것이다.

그럼에도 불구하고 《공산당선언》은 역사적 기록으로서, 그것을 고칠 권리는 더 이상 우리에게 없다."

이 번역은 마르크스의 《자본론 *Das Kapital*》을 번역한 새뮤얼 무어 Samuel Moore 씨의 것이다. 우리는 함께 원고를 살펴보았고, 나는 역사적 암시들을 설명하기 위해 몇 개의 각주를 덧붙였다.

1888년 1월 30일, 런던
프리드리히 엥겔스

5. 1890년 독일어판 서문

바로 앞의 서문이 쓰인 이래 《공산당선언》의 새로운 독일어판이 다시 필요하게 되었고, 《공산당선언》과 관련하여 여기서 언급해야 할 여러 가지 일도 일어났다.

두 번째 러시아어 번역—베라 자술리치에 의한—이 1882년 제네바에서 나왔다. 그 서문은 마르크스와 내가 작성했다. 유감스럽게도 독일어 원본 원고가 없어졌기 때문에 러시아에서 다시 번역을 해야 하는데 작업이 잘 진행될 리는 결코 없을 것이다. 그것은 다음과 같다.[23]

……

새로운 폴란드어 번역 《공산당선언 *Manifest kommunistyczny*》은 이 무렵 제네바에서 출판되었다.

나아가 새로운 덴마크어 번역이 1885년 코펜하겐에서 '사회민주주의자 문고' 가운데 나왔다. 유감스럽게도 이 번역본은 완전하지 않다. 번역자가 애먹었을 것으로 보이는 몇 군데 중요한 부분은 빠졌고 그 밖에도 여기저기 날림의 흔적이 보이는데, 번역자가 조금만 더 주의를 기울였더라면 탁월한 번역을 할 수 있었으리라는 것을 알 수 있기 때문에 이 흔적들이 그만큼 더 불쾌하게 눈에 띈다.

1866년 새로운 프랑스어 번역이 파리의 《사회주의자》에 실렸는데, 그것은 이제까지 출판된 것 가운데 가장 훌륭하다.

이 번역에 의거하여 같은 해 스페인어 번역이 처음에는 마드리드의 《사회주의자*El Socialista*》에 실렸고 나중에는 소책자로 출판되었다〔*Manifesto del Partido Comunista*, por Carlos Marx y F. Engels(Madrid : Administración de El Socialista, Hernán Cortés 8)〕.

언급해야 할 기이한 사건이 있다. 1887년 아르메니아어 번역 원고가 콘스탄티노플의 한 출판업자에게 제공되었다. 이 선한 사람은 마르크스의 이름이 적힌 것을 인쇄할 용기가 없어 차라리 번역자가 저자라고 하면 좋겠다고 생각했는데 번역자가 이를 거부했다는 것이다.

곧 이런저런 다소 부정확한 영어 번역본이 영국에서 여러 차례 다시 인쇄되다가 마침내 1888년 권위 있는 번역이 나왔다. 이 번역은 나의 벗 새뮤얼 무어가 했고, 인쇄되기 전 우리 두 사람이 재차 꼼꼼히 살펴보았다. 표제는 다음과 같다. '《공산당선언》, 카를 마르크스, 프리드리히 엥겔스 저. 엥겔스가 감수하고 주석을 단 공인 영어 번역. 1888년, 런던*Manifesto of the Communist Party*, by Karl Marx and Frederick Engels. Authorized English translation, edited and annotated by Frederick Engels, 1888, London, William Reeves, 185 Fleet Street. E. C.'. 나는 이 판의 주석 몇 개를 본 판본에 옮겨놓았다.

《공산당선언》은 고유한 이력을 가지고 있다. 출판되던 순간 과학적 사회주의의 소수 전위에게 환영을 받았고(첫 서문에서 언급된 번역본들이 증명하듯이), 그 후 곧 1848년 6월 파리 노동자들의 패배와 함께 시작된 반동에 밀려 뒷전으로 물러났으며, 마침내 1852년 11월 쾰른의 공산주의자들이 유죄 판결을 받음으로써 '법에 의해' 추방되었다. 2월 혁명에서 시작된 노동자 운동이 공식 무대에서 사라지면서《공산당선언》또한 뒷전으로 물러나게 되었다.

유럽의 노동자 계급이 지배 계급의 권력에 재도전할 수 있을 만큼 충분한 힘을 비축했을 때 국제 노동자 연합이 탄생했다. 이 단체는 유럽과 아메리카의 전투적인 노동자층을 융화시켜 하나의 거대한 군단으로 만들겠다는 목적을 가지고 있었다. 그렇기 때문에 그것은《공산당선언》에 적힌 원칙들에서 출발할 수 없었다. 이 단체는 영국의 노동조합들, 프랑스, 벨기에, 이탈리아와 스페인의 프루동파 그리고 독일의 라살파[24]들에게 문호를 막지 않는 강령을 가져야만 했다. 이 강령은—인터내셔널 정관의 고려 근거—마르크스가 바쿠닌과 무정부주의자들조차 인정한 탁월한 솜씨로 고안한 것이다. 《공산당선언》에서 제시된 명제들의 궁극적인 승리와 관련하여 마르크스는 단결된 행동과 토론의 필연적인 결과로 나타날 노동자 계급의 지적 발전에 전적인 기대를 걸고 있었다. 자본과의 투쟁에서 겪었던 사건과 부침, 성공보다는 오히려 패배들이, 투쟁하는 사람들에게 이제까지 사용했던 만병통치약들은 충분하지 않다는 것을 분명하게 인식시켜주고, 그들의 머리가 노동자 해방의 진정한 조건에 대한 근본적인 통찰을 더 쉽게 수용하도록 만들어줄 수 있을 것이다. 그리고 마르크스가 옳았다. 인터내셔널이 해체되던 1874년의 노동자 계급은 창설 당시의 1864년 노동자 계급과 전혀 달랐다. 라틴계 국가들의 프루동주의, 독일의 특수한 라살주의는 고사하고 있었고 당시 골수 보수였던 영국의 노동조합들도 1887년 스완지에서 열린 회의에서 의장이 자신의 이름으로 "우리는 더 이상 대륙의 사회주의에 공포를 느끼지 않는다"라고 말하게 되는 지점을 향해 서서히 나아가고 있었다. 대륙의 사회주의는 이미 1887년 선언에 포고된 이론에 불과했다. 그렇게 하여 선언의 역사는 1848년 이후 현대 노동자 운동이 걸어온 역사를 어느 정도 반영하고 있다. 오늘날 그것은 의심의 여지 없이 전체 사회주의 문헌 가운데 가장 널리 보급되고 가장 국제적인 작품이며 시베리아에서 캘리포니아에 이르기까지 만국의 수백만 노동자들의 공동 강령이다.

그러나 그것이 출판될 당시 우리는 그것을 사회주의 선언이라 부를 수 없었다. 1847년 사회주의자란 두 종류의 사람들을 일컬었다. 여러 가지 유토피아 체계들의 신봉자들, 특히 영국의 오언주의자와 프랑스의 푸리에주의자들을 말했는데, 이 두 집단은 당시 이미 서서히 소멸 중이던 단순한 종파로 축소되어 있었다. 한편 갖가지 사회적 돌팔이 의사들을 일컫기도 했는데, 이들은 여러 가지 만병통치약과 온갖 종류의 미봉책들로 사회적 폐해를 제거하려 했지만, 자본과 이윤에는 조금의 해도 끼치려 하지 않았다. 이 두 사회주의자들은 모두 노동자 운동의 바깥에 서서 오히려 '교양' 계급의 지지를 구하려 했던 사람들이었다. 그에 반해 단순한 정치적 혁명이 충분하지 않다는 점을 확신하며 사회 전체의 철저한 개조를 요구했던 일부 집단의 노동자들은 당시 스스로 공산주의적이라 불렀다. 그것은 대강 만들어졌으며 오로지 본능에만 의존하는, 종종 다소 조잡한 공산주의였다. 그러나 그것은 두 가지 유토피아적 공산주의 체계, 즉 프랑스에서는 카베의 '이카리아' 공산주의를, 독일에서는 바이틀링 공산주의를 창출할 정도로 강력했다. 1847년 사회주의는 부르주아 운동을 의미했고 공산주의는 노동자 운동을 뜻했다. 사회주의는 적어도 대륙에서는 사교계 살롱에 받아들여질 수 있을 정도로 품위 있는 것이었지만, 공산주의는 정반대였다. 그리고 당시 우리의 견해는 "노동자 해방은 노동자 계급 자체의 일이어야 한다"며 단호했기 때문에, 두 이름 가운데 어떤 것을 택해야 할지 한순간도 흔들림이 없었다. 이후로도 그 명칭을 거부할 생각은 전혀 들지 않았다.

"만국의 프롤레타리아여, 단결하라!" 우리가 지금으로부터 42년 전 프롤레타리아트가 자기 주장을 내세우며 등장했던 첫 번째 파리 혁명의 전야에 세계를 향해 이 말을 외쳤을 때, 소수의 목소리만이 응답했다. 그러나 1864년 9월 28일 대다수 서유럽 국가들의 프롤레타리아들은 영광스럽게 회상되는 국제 노동자 연합으로 단결했다. 물론 인터내셔널 자체는 9년 동안만 존속했다. 그러나 인터내셔널이 기초를 닦은 만국 프롤레타리아들의 영원한 동맹은 여전히 살아 있으며 어느 때보다 더욱 힘찬 모습으로 살고 있다. 오늘보다 이를 더 잘 증명해주는 증인도 없을 것이다. 왜냐하면 내가 이 글을 쓰고 있는 오늘날 유럽과 아메리카의 프롤레타리아트는 자신들이 처음 동원했던 병력, 하나의 깃발 아래 하나의 당면 목표를 위하여 동원했던 병력을 열병하고 있기 때문이다. 그 당면 목표란 1866년 인터내셔널의 제네바 회의에서, 그리고 다시금 1889년 파리의 노동자 회의에서 선포되어 법적으로 확립된 정규 노동일의 여덟 시간 근무제인 것이다. 오늘날 벌어지는 광경을 보면 자본가들과 지주들은 만국의 프롤레타리아들이 실제로 단결을 이루었다는 사실에 눈뜨게 될 것이다.

마르크스가 내 곁에 서서 자신의 눈으로 이를 볼 수 있다면!

1890년 5월 1일, 런던

프리드리히 엥겔스

6. 1892년 폴란드어판 서문

새로운 폴란드어판《공산당선언》이 필요하게 되었다는 사실은 여러 가지를 생각하게 한다.

우선 특기할 만한 것은 최근《공산당선언》이 유럽 대륙에서 전개되던 대규모 산업 발전의 지표가 되었다는 사실이다. 한 나라에서 대규모 산업이 확대되는 정도에 따라, 또한 이 나라 노동자들 사이에 유산 계급과 비교하여 노동자 계급으로서 자신들의 처지를 알고 싶다는 욕구가 커지는 정도에 비례하여 그들 사이에 사회주의 운동이 확산되고 있으며《공산당선언》의 수요도 증가하고 있다. 그러므로 노동자 운동의 현 위치뿐만 아니라 각국의 대규모 산업의 발전 정도도 그 나라 말로 보급된《공산당선언》의 부수로 정확히 측정할 수 있다.

따라서 새로운 폴란드어판은 폴란드 산업의 결정적 진보를 말해준다. 십 년 전 출판된 이전 판 이후 실제로 이런 진보가 일어났다는 점에 대해서는 의심의 여지가 없다. 러시아령 폴란드, 즉 폴란드 의회 왕국은 러시아 제국에서 가장 규모가 큰 산업 지역이 되었다. 러시아의 대규모 산업은 여기저기 흩어져 있는 반면—일부는 핀란드 만 연안에, 일부는 중앙 지역(모스크바와 블라디미르)에, 또 일부는 흑해와 아조프 해 연안에, 그리고 그 밖의 지역들에 흩어져 있다—폴란드의 대규모 산업은 비교적 작은 공간에 한데 모여 있어, 이러한 집중이 가져다주는 이익과 불이익을 모두 받고 있다. 경쟁 상대인 러시아 공장주들이 폴란드인을 러시아인으로 만들고 싶다는 강렬한 소망에도 불구하고 폴란드에 대한 보호 관세를 요구했을 때, 그들도 이런 이익을 인정했다. 폴란드 공장주들과 러시아 정부가 받는 불이익이란 폴란드 노동자들 사이에 사회주의 이념이 급속히 확산된다는 것과《공산당선언》에 대한 수요가 증가한다는 것이다.

러시아 산업을 능가하는 폴란드 산업의 급속한 발전은 폴란드 편에서 보자면 폴란드 민족의 파괴할 수 없는 생명력을 다시금 입증하고 곧 다가올 국가 재건을 새롭게 보증하는 것이다. 그러나 독립 강국 폴란드의 재건은 폴란드인들뿐만 아니라 우리 모두와도 관계 있는 사안이다. 유럽 국민들의 진정한 국제 협력은, 이들 각각의 국민이 자국 안에서 완전히 자율적일 때에 비로소 가능하다. 프롤레타리아 깃발 아래 프롤레타리아 투사들로 하여금 결국에는 부르주아지의 사업을 수행하게 했던 1848년 혁명은 그 유언 집행자들인 루이 보나파르트Louis Bonaparte와 비스마르크Otto von Bismarck를 통해 이탈리아, 독일과 헝가리의 독립을 관철시켰다. 그러나 폴란드는 1792년 이후 이 세 나라를 합친 것보다 더 많은 일을 혁명을 위해 수행했지만, 폴란드가 1863년 열 배나 되는 러시아의 막강한 힘에 눌려 패했을 때, 사람들은 수수방관했다.

귀족은 폴란드의 독립을 유지할 수도, 또다시 쟁취할 수도 없었다. 적어도 오늘날 부르주아지에게 독립은 상관없는 일이다. 그럼에도 폴란드 독립은 유럽 국가들의 조화로운 협력을 위해 필수적인 일이다. 독립은 오로지 폴란드의 젊은 프롤레타리아트에 의해 쟁취될 수 있으며, 그들의 손에서 잘 유지될 것이다. 왜냐하면 나머지 유럽 전체의 노동자들도 폴란드 노동자들만큼이나 폴란드의 독립을 필요로 하기 때문이다.

1892년 2월 10일, 런던
프리드리히 엥겔스

7. 1893년 이탈리아어판 서문 ― 이탈리아 독자에게

《공산당선언》은 정확히 1848년 3월 18일에 출판되었는데,
이날은 유럽 대륙과 지중해의 중앙에 위치한 두 국가의 융기
라 할 밀라노와 베를린의 혁명이 일어난 날이다. 이 두 국가
는 당시까지 영토 분열과 내분으로 약화되어 외국의 지배를
받고 있었다. 이탈리아가 오스트리아 황제 밑에 예속되어 있
었던 반면, 독일은 모든 러시아인의 황제 차르가 씌우는 멍
에를 짊어져야 했다. 이 멍에는 그렇게 직접적이지는 않았지
만, 이탈리아가 감당해야 하는 것보다 덜 무거운 것은 아니
었다. 1848년 3월 18일의 영향으로 이탈리아와 독일은 이 오
욕에서 해방되었다. 이 두 국가가 1848년에서 1871년 사이
에 재건되고 어느 정도 독립 상태로 되돌아갔다면, 그것은
카를 마르크스가 말했듯이 1848년의 혁명을 진압했던 사람
들이 본의 아니게 이 혁명의 유언 집행인들이 되었기 때문
이다.

이 혁명은 어디에서나 노동자 계급의 과업이었다. 바리케
이드를 치고 목숨을 내걸었던 사람들도 노동자 계급이었다.
파리의 노동자들만이 정부를 전복하면서 부르주아지의 지
배를 타도하겠다는 분명한 의도를 가지고 있었다. 그러나 이
들이 아무리 자신들의 계급과 부르주아지 간의 불가피한 대
립을 의식했다 하더라도, 나라의 경제적 진보나 프랑스 노동

자 대중의 정신적 발전 모두가 사회 혁명을 가능하게 할 만한 수준에 이르지는 못했다. 그러므로 혁명의 과실은 결과적으로 자본가 계급이 수확하고 말았다. 이탈리아나 독일, 오스트리아와 같은 나라에서 노동자들은 근본적으로 부르주아지를 권좌로 밀어 올리는 일만을 한 셈이었다. 그러나 어떤 나라에서도 국가의 독립 없이 부르주아지의 지배는 가능하지 않았다. 따라서 1848년 혁명은 그때까지 독립과 통일을 성취하지 못했던 국가들이, 즉 이탈리아와 독일과 헝가리가 이를 성취하는 결과를 낳았다. 폴란드는 때가 되면 그 뒤를 따를 것이다.

다시 말해 1848년 혁명이 사회주의 혁명은 아니었다 하더라도, 그것은 사회주의 혁명을 위해 길을 닦아주고 그 기반을 준비해주었다. 각국의 시민 정부는 대규모 산업 발전을 도모함으로써 지난 45년 동안 강력한 다수의 결집된 프롤레타리아트를 도처에서 만들어냈다. 이런 식으로 시민 정부는,《공산당선언》의 표현 하나를 사용한다면, 자신의 무덤을 파는 사람을 생산한 것이다. 각국의 독립과 통일을 회복하지 않고는 프롤레타리아트의 국제적 단합도 또 공동 목표를 달성하기 위한 이 국가들 간의 평화적이고 이성적인 협력도 이루어질 수 없을 것이다. 1848년의 정치적 상황에서 이탈리아와 헝가리, 독일과 폴란드 그리고 러시아 노동자들의 국제적 공동 대응을 한번 상상해보라!

이렇게 볼 때 1848년의 전투들은 헛되지 않았다. 마찬가지로 저 혁명적 시기와 우리를 갈라놓은 45년도 헛되이 흘러간 것이 아니다. 과실은 익었고, 내가 바라는 것은 단지 원본의 출판이 국제 혁명의 좋은 전조가 되었듯이 이탈리아어 번역 출판 또한 이탈리아 프롤레타리아트의 승리에 좋은 전조가 되었으면 하는 것이다.

《공산당선언》은 자본주의가 과거에 수행했던 혁명적 역할을 공평하게 다루고 있다. 최초의 자본주의 국가는 이탈리아였다. 봉건 중세의 종결, 근대적 자본주의의 개막은 한 명의 위대한 인물로 요약될 수 있다. 그는 이탈리아인의 단테로서 중세의 마지막 시인인 동시에 근대 최초의 시인이다. 오늘날에는 1300년 무렵과 마찬가지로 새로운 역사적 시대가 형성 중이다. 이 새로운 프롤레타리아 시대의 탄생을 예고할 새로운 단테를 이탈리아가 우리에게 선사할 것인가?

1893년 2월 1일, 런던

프리드리히 엥겔스

프랑스어로 씀

철학자 마르크스,
공산주의에서 공생주의로

1. 자본주의의 보편화와 《공산당선언》의 의미

"실패한 예언들은 종종 우리에게 영감을 준다."[25] 예언이 빗나갈수록 더욱 극성스럽게 끓어오르는 종말론의 예를 들지 않더라도 모순과 갈등, 불안과 고통으로 가득 찬 현실을 넘어서는 내일에 대한 희망은 언제나 우리의 가슴을 촉촉이 적셔준다. 마치 어떤 벗어남과 새로움도 허용하지 않을 듯이 직선으로 달려가는 역사의 과정을 규정하는 힘에 관한 종말론적 지식과 믿음이 늘 있어온 것도 이 때문일 것이다. 물론 이러한 절대 지식은 역사의 흐름을 단숨에 틀어놓을 수 있는 혁명적 실천을 수반한다.

설령 이런 실천이 실패로 끝난다 하더라도, 그 출발점을 이루었던 절대 지식이 반증된 것은 결코 아니다. 예수가 돌아오지 않은 것처럼, 마르크스가 예언했던 공산주의 혁명은 일어나지 않았다. 예수가 곧 돌아와 우리를 심판할 것이라는 주장이 세속화된 현대인들에게 무관심의 웃음만을 자아내듯이, 자본주의가 결국은 자기 모순으로 멸망할 것이라는 마르크스의 예언은 어쩔 수 없이 자본주의와 함께 살아갈 수밖에 없는 현대인들의 냉소만을 불러일으킬 것이다. 예언은 빗나간 것이다.

그러나 예언이 실현되지 않았다는 것이 반드시 예언의 지식이 잘못되었음을 말해주는 것은 아니다. 누가 알겠는가, 그리스도가 언젠가 재림하여 인간을 구원할지. 마찬가지로 마르크스의 예언이 실현될 수도 있을 것이다. "부르주아지는 자신들에게 죽음을 가져올 무기만을 만들어낸 것은 아니다. 그들은 이 무기를 들게 될 사람들, 즉 현대의 노동자인 프롤레타리아를 낳은 것이다."[26] 선진 산업 국가에서 이루어진 노동자들의 시민 계급화가 노동 시장의 세계화를 통해 다시 벌어지고 있는 빈부의 격차로 취소될 수도 있을 것이다. 약육강식이라는 밀림의 법칙만이 통용되는 신자유주의의 세계시장에서 노동자들은 다시 자본주의의 노예로 전락할 수도 있을 것이다. 그래서 부르주아는, 마르크스가 예언한 것처럼, '자신들의 노예에게 노예 상태로서의 실존을 보장해줄 수 없기 때문에 더 이상 지배할 수 없게 될 수도'[27] 있을 것이다.

현대인들이 노예라는 말을 죽도록 싫어한다는 사실만큼이나 이 예언은 사실일 수도 있다.[28] 노예라는 말을 혐오한다는 것이 노예적으로 살아가지 않는다는 것을 의미하지는 않는다. 만약 나의 실존 근거가 나에게 있지 않고 남에게 있는 것이 노예적 삶이라고 한다면, 현대인들은 과거의 노예들만큼이나 노예적으로 살아가고 있다고 할 수 있다. 시장Market, 유행Mode, 그리고 순간적 쾌락Moment에 의존하는 현대인들의 3M 현상은 이를 잘 말해준다. 그렇다면 우리는 우리가 처해 있는 현실을 보지 않기 위해 노예라는 말을 싫어하는 것은 아닐까?

마르크스라는 이름이 우리에게 희망과 파괴의 의미로 다가오는 것도 어쩌면 이러한 사실을 적나라하게 드러냈기 때문일지도 모른다. 그는 자본주의의 현실이 대부분의 노동자들을 노예로 만들고 있다는 사실을 폭로함으로써 역사의 흐름을 바꿔놓을 수 있는 혁명적 실천력을 배양하고 싶었을 것이다. 노예들이 자신의 실존을 통해 더 이상 훼손될 수 없는 인간성의 뿌리를 깨달을 때, 비로소 모두가 자유롭고 평등한 공산주의 사회의 주체가 될 수 있다는 것이다. 얼마나 역설적인 역사의 논리이고, 얼마나 아름다운 인류의 희망인가.

마르크스의 예언은 '공산주의'라는 낱말에 응축되어 있다. 그것은 어떤 사람들에게는 희망의 깃발이었으며, 어떤 사람들에게는 공포의 기호였다. 우리를 노예로 만드는 사회적 조건에서 해방될 수 있다는 희망, 그리고 이러한 해방의 혁명적 실천은 결국 파국을 불러올 것이라는 공포는 이 낱말을 유령처럼 따라다녔다. "하나의 유령이 유럽을 떠돌고 있다—공산주의라는 유령이."[29] 러시아에서 프랑스, 황제부터 교황에 이르기까지 유럽의 모든 보수 세력을 공포의 도가니로 몰아넣고 있는 유령이 바로 공산주의라는 것이다. 마르크스는 이러한 공산주의에 혁명적 실천의 목표와 과제에 대한 분명한 의식을 심어주고자 했다.

마르크스는 왜 온갖 보수 세력들이 유령으로 인식하고 있는 '공산주의'를 인류에게 도래할 미래 사회의 모습으로 만든 것일까? 왜 마르크스는 자신의 사회적 상황조차 제대로 인식하지 못하고 있는 노예와 같은 노동자들에게 혁명 주체의 지위를 부여한 것일까? 이 역설은 더 이상 우리의 사유를 자극하지 못하고, 이제 역사적 사실만을 확인하는 박물관의 한 귀퉁이를 장식하고 있을 뿐이다. 마르크스가 예언한 대로 자본주의가 자기 모순에 의한 파국을 맞이하기는커녕 전 세계적으로 보편화되고 있으며, 자본주의 사회는 노동자들에게 단순한 실존을 넘어서는 행복을 보장하는 것처럼 보인다. 간단히 말해, 예언은 실현되지 않았다.

이제는 아무도 공산주의를 유령으로 생각하지 않는다. 오늘날 보수주의자들은 공산주의를 무서운 전염성을 가진 이데올로기적 병원균으로 여기지 않으며, 체제를 전복시킬 수 있는 혁명 주체들로 파악되었던 노동자들조차 공산주의의 이념을 신뢰하지 않을 뿐만 아니라 이 이념에 대한 동경마저 갖지 않는 것처럼 보인다. 자본주의에 길든 많은 사람들에게 공산주의의 이념은 진부하기 짝이 없는 구시대의 유물인 것이다. 그렇다면 마르크스가 예리하게 분석한 자본주의의 문제점들은 모두 해소된 것일까? 만약 그렇지 않다면, 오늘날 유령처럼 우리의 영혼을 잠식하고 있는 것은 바로 공산주의가 아니라 '공산주의의 평범화'일 것이다. 희망의 잠재력과 비판의 파괴력이 모두 박탈된 박제로서의 이념, 그것이 공산주의일 것이다. 만약 현대 자본주의 사회가 현실적 문제를 은폐하는 수많은 기제 속에서 우리의 인간성을 여전히 훼손하는 문제들을 함축하고 있다면, 우리는 아직 희망과 비판의 방향이 될 수 있는 이념을 가지고 있어야 한다. 공산주의 이념의 일상화에도 불구하고 마르크스를 다른 각도에서 생각해봐야 하는 까닭이 여기에 있다.

2. 마르크스의 생애와 사상

혁명을 설파한 마르크스의 생애는 그가 발전시킨 이념만큼이나 극적이고 혁명적이다. 마르크스는 1818년 5월 5일 당시 프로이센에 속해 있던 트리어에서 태어났다. 프로테스탄티즘으로 전향한 명망 있는 유대인 변호사였던 아버지 하인리히 마르크스Heinrich Marx와 네덜란드 출신의 어머니 헨리에테 마르크스Henriette Marx에게서 그는 비교적 계몽주의의 영향을 받으며 성장했다. 그는 1830년에서 1835년까지 트리어의 프리드리히 빌헬름 김나지움에 다녔는데, 이곳에서도 자유주의적 태도가 지배적이었다.[30] 이 시절 마르크스는 훗날 자신의 장인이 되는 루트비히 폰 베스트팔렌Ludwig von Westphalen의 후원을 받게 된다. 호메로스와 셰익스피어를 좋아한 그들은 함께 산책을 다니면서 문학에 탐닉한다. 마르크스에게 프랑스 초기 사회주의자 생시몽의 이론도 소개한 것으로 알려진 베스트팔렌에게 마르크스는 자신의 박사학위 논문을 바쳤고 그를 평생 동안 존경했다.

마르크스는 1835년 아비투어, 즉 고등학교 졸업시험을 마치고 법학을 공부하기 위해 본 대학에 등록했다. 그는 법학 강의 외에 역사와 문학 강의도 들었다. 그렇지만 이때 마르크스의 주요 관심은, 자신의 신부에게 세 권의 시집을 바쳤다는 사실에서 알 수 있듯이, 법학이 아니라 문학이었다. 학생회 활동에도 적극적이었던 그는 '트리어 청년회'의 회원이었는데, 1836년에는 한밤중에 만취한 채 소동을 벌여 하루 동안 금고 처분을 받기도 했다.

두 학기 후에 마르크스는 당시 독일 학문의 중심지였던 베를린의 프리드리히 빌헬름 대학으로 옮겨 갔다. 마르크스는 우선 법학부에 등록하지만, 개인적으로는 점점 더 역사와 철학 공부에 빠져들었다. 출세할 수 있도록 법학 공부를 열심히 하라는 부모와 신부의 우려 섞인 염려도 마르크스에게는 그다지 영향을 미치지 않은 것으로 보인다. 마르크스는 1837년 4월부터 헤겔을 본격적으로 연구하기 시작했다. 1837년 11월 10일 아버지에게 보낸 유명한 편지에서 마르크스는 자신의 관심이 법학에서 철학으로 옮겨 간 것을 상세하게 설명했다.

마르크스는 법철학 체계 정립을 위한 초안을 설명하고 있는 이 편지에서 실제로는 철학적 관심을 표명했다. "저는 법을 공부해야 했습니다. 그렇지만 철학과 싸워야 한다는 억누를 수 없는 충동을 느꼈습니다."[31] 법과 철학을 결합시키겠다는 그의 의도에는 사실 그의 철학적 방향이 숨겨져 있다. 한편 마르크스는 자신이 지금 인생의 전환점에 서 있다고 고백하면서, "우리의 위치에 대한 의식에 이르기 위해서 우리는 사상의 독수리 눈으로 과거의 것과 현재의 것을 고찰할 필요가 있습니다"라고 덧붙였다. 한편 마르크스는 칸트, 피히테, 셸링, 헤겔, 스피노자, 흄, 라이프니츠를 연구하면서도 "현실 자체에서 이념을 찾겠다"[32]는 점을 분명히 했다. 마르크스는 '이념 속에서 현실'을 탐구했던 플라톤을 비판하면서 '현실 속에서 이념'을 찾고자 했던 아리스토텔레스처럼 이러한 의도를 통해 이미 스스로를 독일 관념론과 차별화했다.

물론, 마르크스 철학의 형성에 결정적인 영향을 준 것은 두말할 나위 없이 '청년 헤겔파'와의 만남이다. 마르크스는 친구 루텐베르크의 소개로 이른바 '박사 클럽'에 가입하게 된다. 이 박사 클럽은 헤겔 좌파 또는 헤겔 우파로 불리는 강사, 교사, 언론인들의 집단이었다. 그들은 본래 프로이센이 근본적으로 진보적인 국가라고 확신했으나 기대했던 자유화가 이루어지지 않자 점차 급진적인 생각을 품게 되었다. 이런 과정에서 그들은 헤겔 철학에서 '국가 이념'을 강조하는 부분을 평가 절하하고, 그 대신에 '변증법'을 사회 변혁의 원리로 해석하기 시작했다. 이 박사 클럽에는 마르크스에게 커다란 영향을 준 역사학자이며 종교학자인 카를 프리드리히 쾨펜Karl Friedrich Köppen과 신학자 브루노 바우어Bruno Bauer가 속해 있었다.

마르크스는 박사학위를 얻는 과정에서 깊이 있는 철학적 지식을 얻었을 뿐만 아니라 당대 철학의 정점에 오르게 된다.[33] 연구 대상은 특히 에피쿠로스학파, 스토아학파, 회의론 사상이었다. 그의 이러한 철학적 관심들은 1841년 4월 15일 예나 대학에 제출한 철학 박사학위 논문 〈데모크리토스 자연철학과 에피쿠로스 자연철학의 차이Differenz der demokritischen und epikureischen Naturphilosophie〉[34]로 결실을 맺게 된다. 이 철학사적 연구는 청년 헤겔파의 관점, 즉 전체 체계는 그 안에 해체의 싹을 품고 있다는 관점에서 이루어졌다. 아리스토텔레스 이후에 에피쿠로스학파가 등장한 것처럼 헤겔 이후에 청년 헤겔파의 다양한 철학적 시도들이 나타난 것은 바로 이 때문이라는 것이다. 이런 관점에서 보면 철학의 주요 과제는 '비판'이다.

그러나 마르크스가 1841년 4월 15일 박사학위를 받은 곳은 베를린 대학이 아니라 예나 대학이었다. 그 이유는 정치적이었다. 정권이 프리드리히 빌헬름 3세에서 프리드리히 빌헬름 4세에게로 넘어감으로써 프로이센의 문화 정치 및 학문 정치의 방향이 바뀌는 한편, 바우어를 촉망받는 신학자로 평가하고 적극적으로 도와주었던 문화부 장관 알텐슈타인K. S. F. von Altenstein이 사망했다. 바우어는 알텐슈타인의 도움을 받아 먼저 본 대학에서 교수직을 얻고, 그런 다음에 마르크스를 본으로 데려가도록 되어 있었다. 그러나 새 장관은 바우어에게 교수 자리를 주기는커녕 그에게서 교수 권한을 박탈했다. 이러한 상황 변화로 강단에서 경력을 쌓으려던 마르크스의 희망은 산산조각이 났다. 만약 마르크스가 이때 강단에 진출했다면, 우리는 어쩌면 혁명 이론가 마르크스를 갖지 못했을지도 모른다.

대학으로의 진출이 원천적으로 봉쇄된 마르크스가 새로운 활동 영역으로 선택한 것은 언론이었다. 그는 모제스 헤스Moses Heß, 게오르크 융Georg Jung, 그리고 다른 청년 헤겔파들과 공동으로 작업하여 《라이니셰 차이퉁Rheinische Zeitung》을 창간하고, 곧 이 신문의 편집장이 된다. 그의 첫 기사는 "언론 자유가 민족 정신의 열린 눈이며 자신에 대한 민족의 신뢰가 구현된 것"[35]임을 확신한다. 충실한 헤겔주의자인 그는 지배적인 정치 체제에 추상적인 원리들만을 대립시키는 교조적 반대 태도를 거부하고, 진정한 이론은 구체적인 상태에서만 명료화되고 발전되어야 한다고 주장한다.

프로이센의 검열이 점점 더 심해지자 마르크스는 1843년 3월에 이미 편집직을 사직한다. 그리고 크로이츠나흐에 잠시 머물면서 1843년 6월 9일 예니 폰 베스트팔렌과 결혼한 후 그해 10월 파리로 망명한다. "독일에서는 아무것도 시작할 수 없다"[36]는 것이 확실해졌기 때문이다. 마르크스와 마찬가지로 검열의 희생자였던 루게는 자신의 독일 연보를 스트라스부르나 파리에서 계속 발행하고자 했다. 마르크스는 이 계획의 불씨와 불꽃이었다. 그는 '독불연보Deutsch-Französische Jahrbücher'라는 제목을 제안하고, 루게와 함께 1844년 첫 호를 발간한다. 마르크스가 《독불연보》를 위해 제시한 강령이 그의 철학의 전체 방향을 결정했다 해도 과언이 아니다. 모토는 "그 결과뿐만 아니라 현존 권력과의 갈등에 대해서도 두려워하지 않는다는 의미에서 기존의 모든 것에 대한 가차없는 비판"이었다. 마르크스는 "이성이 항상 존재해왔지만, 항상 이성적 형태로만 존재한 것은 아니다"라는 전제에서 출발하면서 이렇게 말한다. "우리는 '여기 진리가 있다, 여기서 무릎을 꿇어라!'라는 식으로 새로운 원리를 가지고 교조적으로 세계와 맞서지 않는다. 우리가 세계에 설명하는 새로운 원리들은 세계 자체의 원리들에서 나온다."[37]

마르크스는 이때 이미 자신의 사상과 이념이 마르크스주의로 이데올로기화될 운명에 있음을 예감한 것일까?

이 연보와 사회주의적 성향을 가진 독일 망명자들의 기관지인 《앞으로!Vorwärts》에 기고한 글 때문에 마르크스는 1845년 2월 프로이센 정부의 요청에 따라 파리에서 추방당한다. 그는 브뤼셀로 이주하게 되는데, 이곳에서 프리드리히 엥겔스와의 긴밀한 공동 작업으로《독일 이데올로기Deutsche Ideologie》와 그 밖의 저서들을 통해 자신의 역사 이론과 사회 이론의 토대를 구축한다. 그가 독일 국적을 포기한 것도 바로 브뤼셀에서다. 그는 엥겔스와 함께 '공산당 연합'의 구성원이 되며, 1847년에는 역사 및 사회 이론의 토대 위에 당 강령을 서술하라는 임무를 부여받는다. 이 강령은 파리와 유럽의 다른 주요 도시들에서 혁명이 일어나기 직전인 1848년 2월에 '공산당선언'이라는 제목을 달고 팸플릿 형태로 출간된다. 그러나 당시 이 강령은 그다지 큰 주목을 받지 못했다.

유럽에서 2월 혁명과 3월 혁명이 발발한 후 마르크스는 불온한 인물로 낙인찍혀 벨기에에서 추방당한다. 그는 프랑스를 거쳐 독일의 쾰른으로 다시 돌아가, 그곳에서 엥겔스와 함께《노이에 라이니셰 차이퉁Neue Rheinische Zeitung》을 발간함으로써 혁명의 흐름에 영향을 주고자 했다. 그러나 혁명은 독일 전역에서 반동 세력에 의해 좌초한다. 마르크스는 1849년 5월 16일 마침내 반란을 선동했다는 죄로 '외국인'으로서 추방당한다. 그가 쾰른으로 돌아와 신청한 국적 회복이 거부되었기 때문이다. 근본적으로 혁명가인 그는 혁명으로 인해 무국적자가 된 것이다. 그는 1849년 8월 24일 독일을 떠나, 당시 유럽에서 정치적 망명의 중심지였던 런던으로 간다. 마르크스와 엥겔스는 이때만 해도 혁명의 '두더지'가 잠시 쉴 뿐 곧 계속해서 굴을 파나갈 것이라고 믿었다. 그러나 마르크스는 '실패한 48년의 혁명가'로서 죽을 때까지 영국에서 살아갈 수밖에 없었다. 그는 때로 극도로 비참한 생활 조건에서 가족들과 함께 살았지만, 대부분은 영국 박물관의 도서관에서 작업했다.

이후 영국에서의 망명 생활은 대체로 세 영역에서의 활동으로 이루어졌다. 언론-출판 영역, 정치적 행동 영역, 학문 영역이 그것이다. 우선, 마르크스와 엥겔스는 혁명이 잠시 주춤하고 있을 뿐 다시 유럽 전역에서 전개될 것이라고 믿었다. 그래서 그들은 1850년 월간 《노이에 라이니셰 차이퉁》을 발간하지만 실패로 끝난다. 그 후 다시 월간 《혁명Die Revolution》을 발간하지만 역시 실패한다. 이 과정에서 마르크스의 가장 탁월한 정치적 저서인 《프랑스에서의 계급 투쟁 1848~1850 Die Klassenkämpfe in Frankreich 1848 bis 1850》(1850)[38]과 《루이 보나파르트 혁명력의 브뤼메르 18일Der achtzehnte Brumaire des Louis Bonaparte》(1852)[39]이 탄생한다. 이 글들은 유물론적 역사관의 방법론으로 계급 투쟁을 역사적으로 분석한 탁월한 연구서로서 여전히 읽을 만한 가치가 있다.[40] 1852년 이후 마르크스는 《뉴욕 트리뷴New York Tribune》을 위해 국내 정치 및 외교 정치의 분석 논평을 쓴다.

후기 마르크스의 정치적 언론 활동은 주로 국제 노동자 운동에 집중된다. 국제 노동자 운동은 1852년 '공산주의자 연합'이 해체되고 1864년 '국제 노동자 연합IAA'이 설립됨으로써 전혀 새로운 토대 위에 서게 되었다. 마르크스는 이 연합의 창립 총회에 초대되어 개막 연설을 하게 된다.[41] 이 개막 연설은 지금도 국제 노동자 운동의 가장 중요한 증거물에 속한다. 그는 그 밖에도 이 연합의 정관을 작성하는데, 그것은 노동자 계급이 전개하는 해방 투쟁의 근본 원리를 담고 있다. "노동자 계급의 해방은 노동자 계급 스스로 쟁취해야 한다."[42] 국제 노동자 연합의 평의회가 런던에 소재했기 때문에 마르크스와 엥겔스는 그 운영에 상당한 영향을 미칠 수 있었다. 그럼에도 불구하고 마르크스는 점점 더 연합 내의 격렬한 이데올로기 논쟁에 휘말릴 수밖에 없었다. 대표적인 마르크스 반대자는 러시아 귀족 바쿠닌이었다. 공산주의에 대해 이론적으로 성찰할 뿐만 아니라 어느 때라도 거리에서 투쟁할 준비가 되어 있는 바쿠닌은 노동자의 해방이 단한 번의 혁명적 실행으로 이루어질 수 있다고 믿었다. 그렇기 때문에 그가, 성공적인 혁명은 항상 일정 정도의 사회-경제적 성숙을 전제한다는 마르크스의 입장을 거부하는 것은 당연한 일이었다.

　연합 내부의 이데올로기 분쟁은 1872년 헤이그 회의에서 정점에 이른다. 이어서 국제 노동자 연합의 지도부가 뉴욕으로 옮겨 가지만, 그곳에서 의미와 영향력을 급격히 상실하고 1876년 해체된다. 이에 반해 마르크스는 독일 노동자 운동의 발전에 주목한다. 마르크스와 엥겔스는 독불전쟁이 대륙 노동자 운동의 중심지를 프랑스에서 독일로 옮겼다고 생각했다. 1860년대 독일에서는 두 노동자 운동이 탄생했다. 라살Ferdinand Lassalle에 의해 1863년 설립된 '일반 독일 노동자 연합'과 리프크네히트Wilhelm Liebknecht와 베벨August Bebel의 지도 아래 1869년 아이제나흐에서 설립된 '사회민주주의 노동당'이 그것이다. 이 두 정당은 1875년 고타에서 통합되는데, 마르크스는 이 정당 대회의 강령을 비판적으로 논평한다. 그의 비판은 프롤레타리아의 혁명적 독재에 대해 상세히 설명하고 있기 때문에 사회주의적 전략 논쟁에서 간과할 수 없는 위치를 차지한다.

　그렇지만 마르크스는 런던 망명 기간 동안 대부분의 시간을 정치경제학 연구에 할애한다. 마르크스가 실제로 죽을 때까지 작업했던《정치경제학 비판Zur Kritik der politischen Ökonomie》은 그의 이론의 핵심을 이룬다.[43] 마르크스는 현대 사회의 경제적 운동 법칙을 밝혀내기 위하여 엄청난 자료들을 거듭 분석했다. 이 과정에서 수많은 원고들이 탄생하는

데, 그중 대부분은 《정치경제학 비판 강요Grundrisse der Kritik der politischen Ökonomie》[44]처럼 그의 사후에 출판되었다. 이러한 연구는 1867년 《자본론》의 제1권이 출판될 때까지 계속되었다. 마르크스가 완성하지 못한 《자본론》의 2권과 3권은 1885년과 1894년에 엥겔스에 의해 각각 출간되었다. 카우츠키Karl Kautsky는 마르크스 유고에 담겨 있는 경제적 연구들을 1910년 《잉여가치론》이라는 네 권의 책으로 출간했다.

이처럼 마르크스의 혁명적 삶은 1848년 전과 후로 명확하게 구분된다.[45] 마르크스가 1848년 이전에는 인간 해방에 관한 확신으로 혁명을 이론적, 실천적으로 추구했다면, 1848년의 혁명이 실패로 끝난 다음에는 현대 시민 사회의 운동 법칙을 과학적으로 철저하게 해부함으로써 혁명의 가능성을 조심스럽게 탐구한 것처럼 보인다. 그러나 1882년 12월 2일 아내가 죽고, 다음 해인 1883년 1월 11일 딸 예니마저 세상을 떠나자 그의 생명력은 급격하게 쇠잔하여 1883년 3월 14일 런던에서 죽음을 맞이한다. 엥겔스는 다음과 같은 조사를 바친다. "마르크스는 인간 역사의 진행과 발전을 규정하는 근본 법칙의 발견자입니다……그는 스스로를 그렇게 불렀던 것처럼 정말 혁명가였습니다. 현대의 자본주의적 생산 체제의 사슬에서 임금 노동자를 해방시키기 위한 투쟁은 그의 진정한 소명이었습니다. 그리고 그보다 더 활동적인 투사는 결코 없었습니다."[46]

3. 《공산당선언》의 철학적 기원

마르크스를 역사상 가장 영향력 있는 이데올로기적 사상
가로 만든 것은 두말할 나위 없이 《공산당선언》이다. 이 선
언만큼 당대에는 직접적 영향을 그다지 미치지 못했지만 사
후에 엄청난 성공을 거둔 '세계사적 기록'도 없을 것이다.[47]
이 책은 시민혁명의 전야에 지속적인 과정으로서 사회주의
적 프롤레타리아 혁명을 촉발할 것이라는 희망으로 쓰였지
만, 혁명의 흐름에 영향을 주기에는 너무 늦었다. 여기서 너
무 늦었다는 것은 어떤 의미에서 당대의 정치적 의식을 너
무 앞서갔다는 것을 의미한다. 마르크스는 현실에 이데올로
기적 이념을 단순히 대립시키는 교조적 태도를 경계하고, 현
실을 개혁할 수 있는 원리를 현실 자체에서 끄집어내려는 과
학적 태도를 견지한다. 그렇기 때문에 대부분의 다른 사상가
들이 혁명에 대한 도덕적 호소에 그쳤다면, 마르크스는 현대
역사의 결과를 대담하고 인상적인 문장으로 압축 서술하여
가능한 미래의 길을 제시한다. 《공산당선언》에는 이처럼 혁
명에 대한 열정과 현실 분석의 냉철함이 용해되어 있는 것이
다. 그의 열정이 흥분하거나 인위적이지 않고 냉정한 까닭은
열정이 바로 그가 다루는 문제에서 나오기 때문이다.

이런 관점에서 보면 마르크스주의는 마르크스 사상의 이
중성을 왜곡한다고 할 수 있다. 그것은 혁명의 열정에 이론

적 정당성을 부여하는 이데올로기로 변질되거나 아니면 현실을 과학적으로 분석하는 단순한 방법론으로 경직되기 때문이다. 전자의 관점에서 보면 마르크스는 이데올로기 이론가이고, 후자의 관점에서 보면 마르크스는 단순한 사회과학자에 불과하다. 우리가 이데올로기적으로 왜곡된 마르크스주의의 숲을 헤치고 마르크스의 사상 자체로 돌아가야 하는 까닭이 여기에 있다. 간단히 말해 마르크스는, 그가 스스로를 그렇게 이해한 것처럼, '혁명적' 사상가이다. 마르크스의 예언이 빗나갔음에도 불구하고 여전히 읽을 만한 가치가 있다면, 그것은 그가 무엇보다 인간 해방의 문제를 '철저하게' 사유한 철학자이기 때문이다. 아버지에게 보낸 편지에서 분명하게 밝힌 마르크스의 철학적 방향은 그의 전체 생애와 저서를 관류한다. 그것은 다름 아닌 '현실 속에서 이념을 찾는 것'이다.

마르크스의 철학에 대한 반성은 알다시피 헤겔에 의한 '철학의 완성'[48]에서 기인한다. 마르크스가 1836년 베를린으로 갔을 때, 헤겔은 이미 5년 전에 세상을 뜬 상태였다. 헤겔 철학이 여전히 베를린 대학을 지배하고 있었지만, 독일 철학은 헤겔의 죽음과 함께 이미 위기에 빠져 있었다. 독일 철학은 '해체와 혼란의 상태'[49]에 처해 있었던 것이다. 그 원인은 자신의 사상을 통해 서양 철학을 완성했다는 헤겔의 주장에 있었다. 헤겔은 이념의 발전 과정인 철학사를 사변적으로 체계화하는 한편, 이념과 현실의 화해를 완성했다고 주장한다. "마지막 철학은 이전의 모든 철학의 결과이다. 잃은 것은 아무것도 없다"[50]라는 헤겔의 철학사적 결론에는 현실의 문제를 파악하기 위해서는 현실을 지배하고 있는 이념의 생성과정을 관념적으로 반복해야 한다는 철학적 동기가 내포되어 있다. 다시 말해 구체적 현실에서 자유의 세계를 실현하려면, 자유의 법칙을 우선 관념 속에서 실현해야 한다는 것이다.

철학이 완성되었다면, 철학이 무엇을 더 할 수 있단 말인가? 이러한 질문에 대한 대답에 따라 결국 헤겔학파는 곧 헤겔 우파와 헤겔 좌파로 분열한다.[51] 헤겔 우파가 철학은 '당대를 사상으로 포착하는 것'이라는 헤겔의 말에 충실하다면, 헤겔 좌파는 철학의 실현을 목표로 한다. 다시 말해 철학이 완성된 후에 철학이 할 수 있는 일은 철학의 실현밖에 없다는 것이다. 이런 맥락에서 마르크스는 철학 실현의 첫 번째 단계로서 존립하는 모든 것, 즉 현실의 모든 정신적 토대에 대한 철저한 비판을 감행한다. 종교, 철학, 법에 대한 비판이 그것이다.

마르크스 철학의 이중성은 헤겔과의 이중적 관계에서 기인한다. "헤겔을 처음부터 끝까지 알게 되었다"[52]라는 고백이 말해주는 것처럼 마르크스는 헤겔 사상을 견지하면서 동시에 헤겔을 반박한다. 그의 반박은 특히 자신의 철학을 통해 의식과 현실이 화해했다는 헤겔의 주장에 집중된다. 마르크스는 철학이 현실에서 이성적인 것을 단지 개념의 형태로 파악하려는 것은 지극히 일면적이라고 비판한다. 이성적인 것은 오히려 철학을 통해 실현되어야 한다는 것이다. 이처럼 마르크스는 이성과 현실 사이의 매개와 화해에 대해 헤겔의 변증법적 원리를 타당한 것으로 수용하는 한편, 한 걸음 더 나아가 이성과 현실의 화해가 개념이 아닌 사회적 실천을 통해 실현되어야 한다고 주장하는 것이다. 마르크스는 이성과 현실의 통일성을 견지한다는 점에서 여전히 헤겔의 제자이지만, 사회적 실천을 통해 이를 실현하고자 한다는 점에서 헤겔을 넘어서는 혁명적 사상가이다.

그러므로 마르크스는 철학을 지양하지 않고 철학을 실현할 수 있다고 믿는 사람들뿐만 아니라 철학을 실현하지 않고 철학을 지양할 수 있다고 생각하는 사람들도 모두 반대한다. "세계의 철학화는 동시에 철학의 세계화이고, 철학의 실현은 동시에 철학의 상실이라는 사실이다."[53] 마르크스에 따르면 철학의 정당성은 철학 자체가 불필요한 사회를 추구함으로써 주어지는 것으로, 결국 세계를 변혁하려는 노력을 하지 않는 철학은 무의미하다는 것이다.

철학의 실현과 철학의 지양, 그것은 마르크스에게 동일한 것이다. 철학적 사유는 현실 생활에 쓸모없다고 단정하고 행동을 통한 현실 참여만을 추구하는 실천지상주의자에 대항하여, 마르크스는 '철학을 실현하지 않고 철학을 지양할 수 없음'을 상기시킨다. 철학은 필연적으로 철학이 다루는 현실의 문제를 뛰어넘을 수 없고, 현실에 대한 문제의식은 철학에 미리 점유되어 있기 때문에 현실에 대한 문제의식은 철학 자체에 대한 비판을 전제한다. 따라서 철학을 배제한 행동으로서의 현실 참여는 곧 현실 부정이라는 역설을 초래한다.

반대로 이론지상주의자는 오직 현실 세계에 대한 철학의 비판만을 목적으로 삼으나, 철학이 항상 그 시대의 이념적 반영이고 보충이었다는 사실을 망각한다. 철학의 내면적 조건에서 출발하는 이론적 비판은 철학적 사유의 논리적 결과에만 급급하기 때문에 철학적 사유의 전제 조건인 현실 자체를 비판할 수 없다는 것이다. 즉 당면한 역사적 조건들을 통해 종래의 철학을 극복하지 않는 한 철학의 정당성은 부여되지 않기 때문에 마르크스는 '철학을 지양하지 않고 철학을 실현할 수 없다'고 주장한다.

이러한 마르크스의 입장은 포이어바흐Ludwig Feuerbach에 관한 열한 번째 명제에 집약되어 있다. "철학자들은 세계를 단지 다르게만 해석했다. 문제는 세계를 변혁하는 것이다."[54] 이 명제는 언뜻 마르크스가 세계의 '해석'에 세계의 '변혁'을 단순히 대립시키는 듯한 인상을 준다. 그렇지만 마르크스를 충실하게 이해하면, 이 명제는 세계를 변혁하지 않고는 세계를 해석할 수 없는 것처럼 세계를 해석하지 않고는 세계를 변혁할 수 없다는 뜻을 함축하고 있다. 마르크스는 물론 사회 변혁을 통한 철학의 실현과 지양이 항상 실천을 통해서만 가능하다고 강조한다. 실천은 여기서 단지 사회의 외면적 변화만을 뜻하지 않는다. 마르크스는 사회 변혁에 관한 유물론적 사상은 종종 사회 상태가 인간에 의해 변화되어야 하며 또 사회를 변화시킬 수 있는 교육자 자신이 교육되어야 한다는 사실을 망각한다고 언급하며 이렇게 말한다. "상태의 변화와 인간 활동의 변화, 즉 자기 변화의 일치만이 혁명적 실천으로 파악되고 합리적으로 이해될 수 있다."55 이에 따르면 혁명적 실천은 해석을 통한 세계 변혁이며 동시에 인간의 자기 변화이다.

마르크스는 세계 해석의 수단으로 그 결과와 현실 세력과의 갈등을 두려워하지 않는 가차 없는 비판을 선택한다. 이러한 비판의 방법은 특히 《헤겔 법철학 비판*Zur Kritik der Hegelschen Rechtsphilosophie*》 서론에 압축적으로 서술되어 있다.56 마르크스는 여기서 이미 포이어바흐와 바우어에 의해 이루어진 종교 비판을 출발점으로 삼는다. 마르크스에게도 종교 비판은 모든 비판의 전제 조건인 것이다. 그렇지만 마르크스는 종교 비판에 전혀 다른 의미를 부여한다. 종교가 포이어바흐에게 여전히 인간학적인 문제로 남아 있다면, 마르크스에게는 사회 병리적 문제였다.57 그에게 종교는 전도된 사회에서 살고 있는 존재의 전도된 의식이다. "인간 존재

가 아무런 진정한 현실을 소유하고 있지 않기 때문에" 종교
는 "인간 존재의 환상적 실현이다". 만약 인간이 진정한 현
실을 가지고 있다면, 인간이 이렇게 소외된 상태에서 살아갈
리 만무하다는 것이다.

　　종교가 전도된 세계의 표현과 다를 바 없다면, 종교에 대
한 비판은 바로 "민중의 아편"[58]으로서 종교를 필요로 하는
세계에 대한 비판이다. 그 자체 내용이 없는 종교는 하늘로
살아가는 것이 아니라 땅으로 살아가기 때문에 전도된 현실
이 해체되면 종교는 저절로 붕괴할 것이다. 그러므로 우리는
종교와 함께 주어진 허위 문제들에서 눈을 돌려 현실의 실제
적 문제들을 보아야 한다는 것이다. "진리의 저 세상이 사라
진 후에 이 세상의 진리를 수립하는 것이 역사의 과제이다.
인간의 자기 소외를 감추고 있는 신성한 형태가 벗겨진 후
에 성스럽지 않은 세속적 형태로 이루어지는 자기 소외를 폭
로하는 것이 역사에 봉사하는 철학의 우선 과제이다. 이로
써 하늘의 비판은 땅의 비판으로 변화하고, 종교 비판은 법
의 비판으로 그리고 신학 비판은 정치 비판으로 변화한다."[59]
마르크스의 이러한 종교 비판의 중심에 서 있는 것은 두말할
나위 없이 '구체적 인간'이다. "인간, 바로 그것이 인간의 세
계이고 국가이며 사회성이다."[60] 이런 관점에서 보면 혁명이
란 인간을 소외의 상태에서 해방시켜 그에게 구체적인 사회
적 의미를 부여하는 것을 뜻한다.

마르크스는 헤겔 법철학을 철저하게 비판함으로써 종교 비판을 사회 비판으로 확장한다. 1843년 집필했으나 출간되지 않은 《헤겔 국가법 비판Kritik des Hegelschen Staatsrechts》[61]은 소외의 상태에서 해방되어야 할 구체적 인간이 바로 '민중'이라는 인식에 이른다. 알다시피 헤겔은 국가의 이념에서 출발하여 '가족'과 '시민 사회'를 연역적으로 발전시킨다. 따라서 가족과 시민 사회는 헤겔에게 '국가의 현실적 부분' 또는 '국가의 실존 방식'으로 나타난다. 이에 대해 마르크스는 현실에서 국가와 시민 사회의 관계는 정반대라고 폭로한다. '가족과 시민 사회'는 스스로를 국가로 만들어가기 때문에 실제로는 국가의 전제 조건이라는 것이다. 이런 관점에서 보면 "본래 활동적인 것"[62]은 국가의 이념이 아니라 현실적인 가족과 시민 사회이다. 이처럼 "헤겔은 어디에서나 이념을 주어로 만들고, 본래적이고 현실적인 주체를 종속적인 술어로 만든다"고 마르크스는 비판한다. 그러므로 비판의 중요한 과제는 전도된 관계를 복원하는 일이다. 다시 말해 국가 이념의 추상성을 폭로하고 민중을 역사적 주체로 다시 세우는 것이 철학의 일차적 과제인 것이다.

마르크스는 헤겔의 국가를 추상 개념으로 폭로함으로써 사회개혁의 실천을 위한 혁명적 토대를 마련한다. 헤겔에 대한 마르크스의 입장은 단호하다. "국가는 추상적인 것이다. 민중만이 구체적인 것이다."[63] 이런 맥락에서 헤겔 국가철학에 대한 마르크스의 비판이 급진적 민주주의를 잉태한다는 것은 자연스럽게 이해된다. 민중만이 정치적 삶의 유일한 구체적 토대라는 마르크스의 인식은 이미 국민 주권의 원리를 적극적으로 수용하고 있기 때문이다. 헤겔이 국가의 이념에서 출발하여 인간을 국가의 이념을 내면화한, 즉 "주관화된 국가"로 만드는 반면, "민주주의는 인간에서 출발하여, 국가를 객관화된 인간으로 만든다"는 것이다. 마르크스에게 민주주의는 "모든 국가 헌법의 본질이며 동시에 사회화된 인간"[64]이다.

끝으로, 마르크스의 비판은 종교 비판에서 법 비판을 거쳐 현실 비판으로 귀착한다. 그렇지만 마르크스의 현실 비판은 현실에 대한 철저한 분석을 전제한다. 이러한 분석을 토대로 마르크스는 왜곡된 현실 관계를 혁명적으로 변화시키기 위해서는 "물질적 토대"가 필요하다는 인식에 이른다. 혁명의 물질적 토대는 두말할 나위 없이 "프롤레타리아"이다. 왜냐하면 프롤레타리아는 "철저한 사슬에 묶여 있는 계급"이고, "모든 신분의 해체를 의미하는 신분"이기 때문이다. 프롤레타리아는 근본적으로 사회 전체를 해방시키지 않고서는 스스로를 해방시킬 수 없는 계급이다. 프롤레타리아는 "인간의 완전한 상실"이기 때문에 "인간의 완전한 회복을 통해서만 스스로를 다시 찾을 수 있는"[65] 계급이다. 이처럼 철학을 실현하기 위한 혁명적 실천을 찾아 나선 마르크스의 여정은 구체적 '인간'에서 출발하여 '민중'을 거쳐 '프롤레타리아'에 도착한다. 인간 해방의 과정에서 '철학'은 이 해방의 머리이며, '프롤레타리아'는 가슴이다. 철학과 프롤레타리아는 불가피하게 서로 결합되어 있는 것이다. 왜냐하면 "철학은 프롤레타리아를 지양하지 않고서는 실현될 수 없으며, 프롤레타리아는 철학의 실현 없이는 지양될 수 없기"[66] 때문이다. 우리는 이렇게 프롤레타리아를 역사적 실천의 주체로 설정한 《공산당선언》에 이르게 된다. 프롤레타리아는 왜곡된 인간, 억압받는 인간, 온갖 불의를 당하는 인간, 즉 무無의 존재로 전락한 인간에 대한 상징이다. 마르크스의 '급진적' 사유는 이러한 소외의 문제를 뿌리부터 파악하려 한다. 그러나 "인간에게 뿌리는 바로 인간 자신이다"[67]라는 마르크스의 통찰을 기억한다면, 《공산당선언》이 노동자 운동의 이데올로기적 강령이기에 앞서 인간 해방에 관한 철저한 철학적 성찰이라는 사실을 간과해서는 안 된다.

4. 공산주의 이념과 유토피아적 모더니즘

《공산당선언》은 '이데올로기'와 '철학적 성찰'의 이중성을 담고 있다. 마르크스주의가 발전하면서 《공산당선언》은 이데올로기로 절대화되었지만, 현실 사회주의의 붕괴와 더불어 조소의 대상으로 전락한다. 마르크스에 대한 조소는 대부분 그의 예언이 실현되지 않았다는 사실에서 자양분을 얻는다. 어떤 사람들은 예언이 아무런 객관적 타당성이 없는데도 불구하고 예언된 상태를 실현하는 힘이 있다는 사실에 입각하여, 마르크스의 예언은 부정적 의미에서 실현되었다고 해도 과언이 아니라고 말한다. 자본주의 사회는 마르크스가 예언한 공산주의 혁명을 저지하고 지연시키는 데 온 힘을 다했기 때문에 혁명이 일어나지 않았을 뿐이라는 것이다. 아무튼 예언은 검증될 수도 반증될 수도 없다. 중요한 것은 예언의 힘이 되었던 희망과 비판의 토양이 유실되었다는 사실이다.

그렇다면 무엇이 마르크스를 무력하게 만든 것인가? 마르크스의 비판이 아무 영향을 끼치지 않을 정도로 자본주의 체제는 정말 아무런 문제가 없는 것인가? 아니면 마르크스의 자본주의 비판은 여전히 타당한데도 경직된 마르크스주의 이데올로기로 인해 마르크스의 본뜻이 왜곡된 것인가? 만약 자본주의가 마르크스가 예언한 것처럼 자기 모순으로 붕괴하지는 않았다 하더라도 여전히 많은 문제점을 가지고 있는 것이 사실이라면, 우리는 자본주의의 문제를 정확하게 파악하기 위해서라도 마르크스의 철학적 성찰에 주목할 필요가 있다.

마르크스는 《공산당선언》의 들머리에서 자신의 철학적

방향을 하나의 개념으로 요약한다. '공산주의'가 그것이다. 마르크스는 유럽의 모든 보수 세력이 유령이라고 낙인찍고 왜곡하고 있는 공산주의에 새로운 의미와 목적을 부여하고자 한다. 그렇다면 공산주의는 과연 무엇인가?《공산당선언》은 모두 4절로 구성되어 있지만, 핵심 내용은 1절과 2절에 압축되어 있다. 각 절은 공산주의 이데올로기의 핵심적인 명제로 요약될 수 있다. 하나는 "이제까지의 모든 사회의 역사는 계급 투쟁의 역사이다"라는 명제이며, 다른 하나는 "공산주의 이론은 사적 소유의 폐지라는 하나의 표현으로 요약할 수 있다"라는 명제이다. 각각 '프롤레타리아'와 '사적 소유'라는 개념으로 다시 압축될 수 있는 이 명제들은 공산주의의 방향을 서술할 뿐만 아니라 동시에 공산주의에 대한 비판의 빌미를 제공했다.

마르크스는 공산주의에 대한 비판을 이렇게 반박한다. 우선, 공산주의는 사적 소유를 폐지하고자 한다는 비난에 대해 마르크스는 국민 대다수의 사적 소유를 제거한 것은 다름 아닌 자본주의라고 대답한다. 공산주의는 다만 생산 수단에 대한 소유권을 국민 전체에게 되돌려주고자 한다는 것이다. 마르크스는, 공산주의자들은 가족을 해체하려 한다는 비난에 대해서도 동일한 대답으로 응수한다. 실제로는 자본주의가 가족을 파괴했다는 것이다. 만약 자본주의가 전 세계를 하나의 시장으로 만듦으로써 생산과 소비에서 국가의 경계를 무

의미하게 만들었다면, 공산주의가 조국을 폐지하고자 한다는 비난도 공허할 뿐이라는 것이다.

여기에서 우리는 공산주의를 향한 모든 비난이 실제로는 자본주의에 해당한다는 마르크스의 언급에 주목할 필요가 있다. 마르크스는 산업혁명과 자본주의가 야기한 것이 성숙하지 않는 한 진정한 혁명이 이루어질 수 없음을 이미 간파하고 있는 것이다. 마르크스는 역사적 발전 과정에 내재하고 있는 운동 법칙을 파악함으로써 인간 해방의 실천적 방법을 모색하고 있을 뿐이다. 이런 관점에서 보면 공산주의는 실제로 급진적으로 실현된 자본주의의 토대 위에서만 실현될 수 있다. 생산 수단에 대한 사적 소유의 폐지는 그것의 진정한 사회화를 통해서만 완성되고 극복될 수 있으며, 거짓과 위선으로 변질된 가족에 대한 보완은 다른 제도를 통해서만 가능하며, 민족적 편협성은 세계적 차원에서 실현될 새로운 유대를 통해 극복될 수 있다는 것이다. 사적 소유의 문제점을 해결할 수 있는 생산 수단의 사회화가 어떤 방식으로 이루어져야 하는지, 가족을 대체할 수 있는 새로운 제도가 어떤 것인지, 새로운 세계적 유대 관계가 어떤 모습을 띠어야 하는지 아직은 커다란 의문 부호로 남아 있다.

마르크스의 자본주의 비판이 하나의 지배 이데올로기로 변질될 수 있었던 것은 어쩌면 미래의 역사에 관한 그의 확신 때문이었는지도 모른다. 그렇지만 이러한 사실이 그의 철학적 성찰의 의미를 약화시키는 것은 아니다. 마찬가지로 마르크스의 두 명제도 여전히 타당하다. 우리는 물론 프롤레타리아 계급만이 진정으로 혁명적인 계급이라는 마르크스의 주장에 이의를 제기할 수 있다. 프롤레타리아는 모든 억압과 착취를 대변하는 무無의 존재이기 때문에 모든 것이 될수 있다는 그의 인식에는 분명 문제가 있다. 그러나 우리는 "억압자와 피억압자는 부단히 대립했으며, 때로는 은밀하게 때로는 공공연하게 끊임없이 투쟁을 벌여왔다"[68]는 그의 역사적 통찰마저 거부할 수 있을까? 마르크스의 인식을 마르크스 자신에게 적용한다면, 어떤 사회도 계급 대립을 완전히 폐지할 수는 없는 것이다. 어떤 사회든 그것은 "다만 새로운 계급들, 새로운 억압 조건들, 새로운 투쟁 형태들로 낡은 것들을 대체했을 뿐이다".[69]

우리는 또한 사적 소유를 폐지할 수 있다는 마르크스의 희망에 커다란 물음표를 붙일 수 있다. 그렇지만 우리는 사적 소유가 다른 계급에 대한 한 계급의 착취의 토대가 되고 있다는 사실을 과연 부정할 수 있을까? 현대 자본주의가 모든 노동자를 임금 노동자로 전락시키는 한, 노동자들은 어떤 의미에서 자신의 진정한 삶으로부터 소외되어 오직 지배 계급의 이해관계가 요구하는 정도로만 살아갈 수밖에 없을 것이다. 마르크스가 주목하는 것은 바로 인간을 소외시키는 사적 소유의 측면이다. 그렇기 때문에 마르크스는 "이제까지의 소유 관계들을 폐지하는 것이 공산주의의 고유한 특징은 아니다"라고 단언한다. "공산주의를 특징짓는 것은 소유 일반의 폐지가 아니라 시민적 소유의 폐지다."[70] 마르크스는 이처럼 한편으로는 자본주의에 내재하고 있는 해방의 역량과 다른 한편으로는 극단적인 계급 투쟁으로 치닫는 자본주의의 모순을 냉철하게 분석함으로써 인간 해방을 이룩할 수 있는 혁명적 실천을 모색한다.

물론 마르크스는 이러한 실천의 필연성을 역사적 법칙에서 추론한다. 원시 공동체에서 고대의 노예제와 중세의 봉건제를 거쳐 현대의 자본주의 사회에서 극명하게 드러난 계급의 대립은 궁극적으로 인간에 의한 인간의 지배에 마침표를 찍을 공산주의 사회를 가져오리라는 것이다. 마르크스가 인류의 역사에서 읽어낸 필연성과 법칙성은 그가 예언한 공산주의 사회에 가능성과 현실성을 부여한다. 아니면, 그가 미래에 투시한 유토피아를 설득력 있게 만들기 위해 과거의 역사에 변증법적 유물론이라는 문법을 써넣었는지도 모른다. 그러나 보편적인 역사와 역사 법칙에 대한 믿음은 사실 자신의 세계를 스스로 실현할 수 있다는 인간 이성과 주체 의식의 믿음과 다를 바 없다. 이제까지의 역사가 신이 미리 써놓은 텍스트가 아니라 인간이 자신의 본질을 실현하기 위한 투쟁의 산물이라는 믿음이 유토피아 정신을 산출한 것이다.

인간 이성, 주체 의식, 역사의 진보에 대한 현대적 신뢰는 의심의 여지 없이 공산주의 이념에 응축되어 있다. 역사는 과연 인간의 역사에 불과하며 또 하나의 보편적 법칙에 따라 진행되는 것일까? 인간은 이 땅 위에 자신의 세계를 스스로 건립할 수 있는가? 그리고 인간은 초월적인 세계를 전제하지 않고서도 자신의 가치와 이념에 객관적 타당성을 부여할 수 있는가? 알다시피 포스트모더니즘은 이러한 물음들에 자신 있게 '예'라고 대답할 수 없는 문화적 상태를 의미한다. 우리가 처해 있는 물질적 조건을 말해주면 우리가 어떤 사회에 이를지 말해줄 수 있다는 천박한 유물론은 오늘날 웃음거리가 되고 있으며, 아무도 프롤레타리아 독재를 통해 자본주의 사회를 전복시킬 수 있다고 생각하지 않으며, 신을 배제한 인간 이성의 오만이 인류의 파국을 가져올 수 있다는 불안과 공포가 다시 유포되고 있다.

마르크스는 분명 모더니즘의 자식이다. 공산주의를 무해한 것으로 만드는 포스트모더니즘의 정서에서 그를 구원하기 위해 이를 부인해서는 안 된다. 그가 모더니즘을 극단까지 철저하게 사유하고 있다는 사실은 특히 프롤레타리아에 대한 그의 생각에서 선명하게 드러난다. 프롤레타리아는 인간 이성을 실현할 수 있는 이상적 주체이며, 공산주의적 미래 사회를 이룩할 수 있는 물질적 토대이다. 자유의 실현을 관념적으로 추적한 헤겔의 철학을 뒤집어놓은 마르크스는 유토피아를 제시하는 것으로 만족하지 않고, 이를 실현할 수 있는 구체적 주체를 프롤레타리아에서 발견한 것이다. 프롤레타리아가 인간의 전적인 상실을 의미한다면, 프롤레타리아의 해방이 동시에 인간의 완전한 회복을 가져올 것이라는 추론은 당연한 논리적 귀결이다.

프롤레타리아가 자본주의적 모순으로 규정된 경험적 주체에서 공산주의 혁명의 이상적 주체로 변형되고 있는 이 지점은 바로 모더니즘의 한계를 잘 보여준다. 마르크스는 자신의 규범적 토대를 스스로 구축하려는 모더니즘을 철저하게 비판했지만 그것의 밑바탕을 이루고 있는 인간 이성, 주체 의식, 역사의 진보를 오히려 강화하고 있는 것이다. 비판되고 있는 사태를 극복하려면 비판 자체를 더욱더 절대화하는 것과 같은 이치라고나 할까. 마르크스가 불의로 인식하고 있는 현실 세계의 문제점이 불가피한 것으로 파악될수록, 이를 극복할 수 있는 혁명은 더욱 긴박하게 요청되는 법이다. 프롤레타리아는 이러한 모던 유토피아주의의 산물인 것이다.

서양 형이상학의 대부인 소크라테스가 사상의 산파이기를 자청했다면, 마르크스는 잘 알려진 바와 같이 혁명의 산파이고자 했다. 마르크스는 유물론적 통찰을 통해 타당한 것으로 인식된 역사의 과정을 더욱 가속화시킴으로써 유토피아를 앞당기고자 한 것이다. 자본주의 사회와 함께 잉태된 자식은 가능한 한 고통 없이 신속하게 출산되어야 한다는 것이다. 이 세상에 나오려는 자식이 공산주의 사회라면, 사회 운동으로서의 공산주의는 아버지이고 또 좀 더 나은 사회를 성취하기 위한 산고를 겪어야 할 어머니는 바로 자본주의 사회인 셈이다. 거칠게 서술한 이러한 생각이 1848년 혁명을 꿈꾸었던 마르크스의 머리를 가득 채웠으리라는 것은 쉽게 짐작할 수 있다. 물론 1848년의 혁명은 실패로 끝났고, 성공한 1917년의 러시아 혁명 역시 마르크스가 꿈꿨던 공산주의 사회와 거리가 멀었다. 우리는 여기서 성급하게 실패한 혁명을 근거로 그의 공산주의 이념에 사망 선고를 내릴 생각은 추호도 없다. 단지 우리가 확인하고자 하는 것은 역사 과정의 가속화를 통해 유토피아를 이룩하고자 하는 모더니즘의 정신이 프롤레타리아 독재라는 허구를 만들어냈다는 점이다.

프롤레타리아가 역사적 혁명의 주체로 부상할수록, 프롤레타리아 혁명을 통해 실현될 수 있는 미래 사회의 모습 역시 현실성을 상실한다. 자신의 사회적 지위와 역사적 의미에 관한 의식이 대부분 결여된 프롤레타리아에게서 혁명의 실천을 기대한다는 것이 역설적인 것만큼이나 역사의 진행 과정은 극단적으로 극화된다. "공산주의 혁명은 전래된 소유 관계와 가장 철저하게 단절하는 것이다."[71] 소유 관계가 사회적 불의와 불평등을 야기하는 가장 보편적인 사회 양식으로 인식되면, 그것은 가장 철저한 방식으로 폐지되어야 한다는 것이다. 프롤레타리아가 아무것도 아닌 존재로 전락할 정도로 억압받고 착취당하는 피지배 계급이라면, 이 계급은 바로 그 이유로 혁명을 통해 지배 계급으로 부상해야 한다는 것이다.

마르크스는 예리하게 분석한 현실 인식에서 유토피아적 당위를 추론하고 있다. 공산주의 이념은 이렇게 탄생한다. "발전 과정에서 계급 차이가 사라지고 모든 생산이 서로 연합한 개인들의 손에 집중된다면, 공공 권력은 정치적 성격을 상실할 것이다."[72] 부르주아에게서 빼앗은 자본과 생산 수단이 프롤레타리아의 연대 조직이라고 할 수 있는 국가에게 독점됨으로써 계급의 지배가 영원히 사라지는 공산주의 사회가 오리라는 것이다. 공산주의는 '생산 수단의 공유'를 통해 지배 구조를 폐지하는 한편, 모든 개인의 자유를 실현하고자 한다. 그러나 생산 수단을 공유하고 관리하고 독점하는 사회 조직이 오히려 더욱 폐쇄적인 절대주의 국가를 산출한다는 역설은 공산주의 이념을 더욱 비현실적인 허구로 만들어놓았다. 공산주의가 하나의 역사적 허구로 폭로되었다는 것은 어쩌면 이를 만들어낸 혁명 정신과 유토피아주의에 대한 신뢰가 사라졌음을 의미할지도 모른다. 모더니즘이 유토피아를 실현할 수 있는 혁명을 절대화하는 한편, 혁명의 당위성과 인간의 주체 의식을 정당화하기 위해 유토피아를 설정할 수밖에 없기 때문이다. 따라서 공산주의 이념의 붕괴는 모더니즘의 해체를 의미한다.

5. '운동'으로서의 공산주의와 시민 사회의 해부

공산주의가 혁명 정신과 유토피아의 자식으로 폭로되는 순간, 마르크스는 공산주의에 대한 다른 해석을 제시한다. 공산주의는 결코 프롤레타리아 혁명을 통해 이를 수 있는 '이상'도 아니고, 생산 수단의 공유를 통해 실현된 구체적 사회 '상태'도 아니라는 것이다.[73] 엄밀한 의미에서 공산주의는 현재 우리가 처해 있는 사회 관계의 모순을 인식하고 동시에 이를 극복하려는 비판적 '운동'이다. 후기 자본주의 사회가 죽은 개 취급하는 마르크스와는 전혀 다른 마르크스가 등장하는 지점이 바로 이곳이다.

그는 유토피아로 투시된 미래의 공산주의를 절대화함으로써 오히려 현재의 실천 가능성을 약화시키지 않는다. 공산주의는 결코 영원한 진리가 아니다. 공산주의는 오히려 "영원한 진리들을 폐지한다"고 마르크스는 단언한다. 공산주의는 도덕과 종교를 새롭게 형성하는 대신에 그것들을 폐지하는데, 과거의 도덕과 종교를 대체할 수 있는 새로운 진리를 만든다는 것은 자기 모순이 아닌가? 공산주의는 무조건 실현되어야 하는 진리를 의미하지 않는다. 물론 마르크스는 자유, 진리 등과 같이 모든 사회적 상태에 공통적인 영원한 진리들이 존재한다고 말한다. 그렇지만 이러한 진리들은 우리가 처해 있는 현실 여건에 대한 정확한 분석이 이루어질 때에만 현실적 의미를 가진다. 이런 맥락에서 공산주의는 "각자의 자유로운 발전이 모두의 자유로운 발전의 조건이 되는 연합체"[74]라는 규제적 이념으로 압축된다.

'생산 수단의 공유'를 추구하는 공산주의 이념이 모더니즘의 산물이라면, 주어진 현실 속에서 '자유로운 연대'의 조건을 모색하는 공산주의 운동은 포스트모더니즘의 기호를 달고 있다. 마르크스의 이러한 운동은 두 방향으로 진행된다. 한편으로 그것은 시민 사회에서의 인간 소외를 가능한 모든 측면에서 완전하게 서술하려는 한편, '주어진 조건' 속에서 인간 소외를 극복하고 동시에 — 계급 없는 사회에서 성취될 수 있는 — 인간의 자기 실현을 이룩할 수 있는 사회적 실천을 모색한다. 다시 말해 포스트모던 마르크스는 공산주의의 목표가 '주어졌다'기보다는 '주어진 조건'에서 인간 소외를 극복할 수 있는 실천적 삶을 선호하는 것이다. 모더니즘이 현실에 이상의 옷을 입힌다면, 포스트모더니즘은 이상의 옷을 벗기고 현실을 냉철한 눈으로 바라봄으로써 실현할 수 있는 이상을 그린다.

이런 관점에서 보면 마르크스의 《공산당선언》은 포스트모더니즘의 사회철학적 강령이라 해도 손색이 없을 정도로 참신한 시각을 담고 있다. 이 책은 결코 공산주의의 변론이 아니다. 그것은 오히려 주어진 조건에서 공산주의의 이념을 실현하라고 호소한다. 그러나 이 책을 관류하는 파토스는 사태의 핵심을 꿰뚫어 보는 냉철함에서 기인하며, 시대의 흐름을 개념적으로 매듭짓는 기념비적 성격은 정확하다. 열정은 결코 인위적이지 않고, 서술하는 사태에 정확하게 일치한다. 그것은 자본주의라는 역사적 운명을 직시하는 '용기'와 동시에 이를 극복하겠다는 '의지'로 점철되어 있다. 공산주의의 실천적 열정은 자본주의에 대한 냉철한 인식과 분석에서 기인하는 것이다.

오늘날 《공산당선언》을 편견 없는 눈으로 읽어본 사람은 누구나 마르크스가 부르주아와 자본주의를 상당히 긍정적으로 평가하고 있다는 사실에 놀라게 된다. 삶의 의미를 보존해주었던 신성하고 개인적인 관계가 자본주의로 말미암아 파괴되었다는 사실에 대한 한탄도 과거에 대한 어떤 낭만주의적 동경도 발견되지 않는다. 자본주의의 도래와 발전으로 묘사되는 한 시대의 사실이 놀라움과 전율로 분석되고 기록되고 있을 뿐이다. 오늘날 인간과 인간을 이어주는 끈에는 "적나라한 이해관계, 무정한 '현금 지불'"[75]뿐이라는 마르크스의 서술에는 사실 아무런 감정도 개입되어 있지 않다. 그것은 자본주의가 우리에게 주어진 역사적 조건이라는 사실을 인정하는 것에 불과하다.

마르크스에 따르면 자본주의와 부르주아 계급은 역사에서 극도로 혁명적인 역할을 수행한다. 자본주의는 무엇보다 인간의 활동이 어떤 것을 성취할 수 있는지를 보여주었다는 것이다. 자본주의는 이집트의 피라미드, 로마의 도시, 고딕 성당과는 비교할 수 없는 기적적인 성과를 보여주고 있다는 것이다. 그것은 과연 무엇일까? 마르크스가 자본주의에서 긍정적으로 파악하고 있는 것은 다름 아닌 유토피아가 이 지상에서도 가능하다는 사실 확인이다. 예컨대 오늘날 우리에게 희망과 좌절로 다가오는 세계화는 자본주의의 산물이다. 마르크스는 부르주아 계급이 세계 시장을 통해 모든 국가의 생산과 소비를 국제적 차원에서 통제하고 관리하고 있다고 진단한다. 예전의 지역적이고 국가적인 자족과 폐쇄성 대신에 "국가들의 다면적 교류와 다면적 의존"이 등장한다는 것이다. 자본주의가 보편화되는 과정에서 농촌은 도시에, 저개발 국가는 선진 산업국가에, 그리고 동양은 서양에 의존하게 될 것이라는 것이다. 이러한 의존 관계는 이전 시대에는 결코 이해될 수 없었던 "과잉 생산이라는 전염병"[76]에 의해 더욱 심화되리라는 것이다.

누가 이러한 마르크스의 분석을 감히 부정할 수 있겠는가? 세계화는 이미 오래전에 우리의 운명이 되어버렸다. 마르크스는 물론 부르주아 계급이 생산 관계를 지속적으로 혁명하지 않고서는 존립할 수 없을 것이라고 예언한다. 이러한 생산 관계의 혁명이 자본주의의 종말을 재촉할지 아니면 마르크스가 예언한 공산주의 혁명을 끊임없이 지연시킬 수 있을지는 모르지만, 생산 관계를 우리의 손으로 개혁함으로써 이 땅에 유토피아를 건설할 수 있다는 믿음은 자본주의와 함께 잉태된 것이다. 아무튼 자본주의와 함께 도래한 혁명의 가능성은 우선 부정적 양태로 나타난다. 자본주의가 부르주아와 프롤레타리아의 계급 대립을 단순화시킬 것이라는 예측은 혁명의 가능성이 사라진 지금도 여전히 타당하지 않은가. 가난한 사람들을 더욱 가난하게 만듦으로써 부유한 사람들이 더욱 부유해진다는 것은 1848년과 마찬가지로 지금도 역시 진리이다.

오늘날 부르주아와 프롤레타리아를 구별하는 것은 진부하게 여겨지지만, 부르주아를 '가장 부유한 이십 퍼센트의 사람들'에 대한 표현으로 생각하고 프롤레타리아를 '나머지 팔십 퍼센트의 사람들'에 대한 표현으로 생각한다면,《공산당선언》에서 분석되고 있는 대부분의 자본주의적 경향들은 여전히 타당하다. 자본주의가 이렇게 계급의 대립을 심화시킴에도 불구하고, 마르크스가 그것을 긍정적으로 파악한 것은 대체 무엇 때문일까? 계급적 적대 관계의 단순화, 순수한 경제적 압박의 강화, 인간 소외의 심화, 모든 인간적 고려의 제거 등과 같은 부정적 양태를 산출하는 자본주의가 마르크스에게 하나의 역사적 진보로 파악되는 것은 우리의 관계를 냉철한 눈으로 바라보도록 강요하기 때문이다. 종교적, 정치적 환상들로 은폐되어 있는 착취의 자리에 공공연하고 파렴치하고 직접적이고 메마른 착취들이 들어섰기 때문이다.

마르크스에 따르면 모든 사회는 사회 관계에서 발생하는 억압과 착취를 은폐할 수 있는 수많은 장치를 동시에 발전시킨다. 마르크스가 이러한 억압과 착취가 자본주의로 인해 더욱더 가시화될 것이라고 보았다는 것은 어쩌면 그의 유토피아주의 때문일 것이다. 그러나 이러한 계급적 대립 관계는 오늘날 상호 의존적 세계 시장을 통해 더욱더 다변화되고, 사회가 분화될수록 더욱 불투명해진다. 착취의 사회 관계가 은폐되었다고 해서 사라진 것이 아니라면 인간성을 억압하는 사회 관계에 대한 냉철한 시각은 여전히 필요한 것이다. 포스트모더니스트 마르크스는 이처럼 '우리의 관계를 냉철한 눈으로 바라보도록' 권유한다.

공산주의는 이러한 비판적 시각의 상징이다. 공산주의는 정확한 현실 인식을 통해 현실을 왜곡하는 편견을 바로잡고 동시에 현실을 개혁하고자 하는 비판 정신이다. 이런 맥락에서 마르크스는 공산주의에 대한 비방을 정면으로 반박한다. 공산주의는 사유재산을 폐지하려 한다는 비난에 대해 마르크스는 자본주의가 이미 대다수의 시민들에게서 자유를 실현할 수 있는 물질적 수단으로서의 사유를 박탈했다고 주장한다. 사유재산을 제거하는 것은 자본주의이지 공산주의가 아니라는 것이다. 공산주의가 신성한 가족을 해체하려 한다는 비난에 대해 마르크스는 가족의 유대가 이미 자본주의에 의해 파괴되었다고 주장한다. 인간과 인간 간의 관계를 매음과 매매의 관계로 만든 것은 자본주의이지 공산주의가 아니라는 것이다. 그뿐만 아니라 공산주의가 민족 공동체를 파괴하려 한다는 비난에 대해 마르크스는 국가 간의 경계를 허물고 전 세계를 하나의 시장으로 만든 것은 자본주의이지 공산주의가 아니라고 반박한다. 물론 마르크스는 자본주의의 부정적 양태를 극복할 수 있는 대안적 이념을 제공하는 대신에 자본주의에 내재해 있는 역사 과정을 단축시킴으로써 공산주의 사회를 혁명적으로 실현하려 한다. 그러나 이러한 모더니즘의 잔재를 떨쳐버린다면, 공산주의는 '우리의 관계를 왜곡시키는 시민 사회의 논리는 무엇인가?'라는 물음에 집중한다.

6. 《공산당선언》의 현대적 의미와 포스트모던 공생주의

마르크스는 주어진 조건 속에서 인간을 억압하고 착취하는 사회 관계의 비판을 '정치경제학 비판'이라고 명명한다. 물론 마르크스는 정치를 다른 계급에 대한 어떤 계급의 조직적 폭력이라는 좁은 의미로 이해한다. 정치는 물론 바람직한 유대 관계의 규범적 방향을 제시할 수 있어야 하지만, 이러한 방향 설정의 정치 역시 현실에 관한 정확한 분석과 해석을 전제한다. 프롤레타리아 독재의 목적론적 역사관을 배제한 마르크스의 정치경제학 비판은 현실에 역사적 운동의 방향을 부과하기보다는 주어진 조건에서 나아갈 방향을 반성적으로 찾아낸다는 점에서 포스트모더니즘과 맥을 같이한다.

정치경제학 비판은 한결같이 모더니즘의 강한 전제 조건들을 약화시킨다. 첫째, 인간은 자신의 삶을 사회적으로 생산하는 과정에서 자신의 의지와는 무관한 특정한 필연적 관계에 들어선다. 마르크스는 물질적 생산력의 특정한 발전 단계와 일치하는 이 생산 관계는 역사적으로 형성되었다고 말한다. 만약 이 발전 과정이 궁극적으로 지향하는 최종 단계가 물음표로 처리된다면, 사회 관계를 변화시킬 수 있는 인간의 실천의지는 더욱더 사회 관계의 분석에 의존하게 된다. 그뿐만 아니라 인간은 우리의 의지와 상관없는 사회 관계 속에서 살게 마련이라는 마르크스의 주장은 모더니즘의 인간 중심주의를 정면으로 부정하는 것이다.

둘째, 인간의 의식이 존재를 규정하는 것이 아니라, 그의 의식을 규정하는 것은 사회적 존재이다. 이 명제는 이제까지 상부 구조에 대한 물질적 하부 구조의 인과적 관계로 설명되어 왔다. 마르크스에 따르면 이데올로기와 물질적 토대는 엄밀한 의미에서 상호 영향을 주는 관계에 있다. 이데올로기는 사회 관계의 모순을 은폐하는 기능을 수행하는 한편, 사회 관계를 변화시킬 수 있는 물질적 힘을 가질 수도 있다는 것이다. 모더니즘이 이데올로기를 계급 대립의 산물로만 파악한다면, 포스트모더니즘은 거꾸로 이데올로기가 일종의 물질처럼 생산되고 유통되고 통제되는 사회적 논리에 주목한다.

셋째, 어느 발전 단계에서나 물질적 생산력은 존립하고 있는 생산 관계와 모순된다. 우리는 어떤 사람을 판단할 때 그가 누구인가를 그가 생각하는 것에 따라서만 판단하지 않는다. 그가 자신에 대해 생각하는 것과 그가 실제로 행위하고 생활하는 것은 언제나 차이가 있게 마련이다. 마찬가지로 우리는 어떤 시대를 판단할 때 이 시대에 대한 동시대인들의 사상과 이해에만 의존해서는 안 된다. 우리는 그 시대를 생산력과 생산 관계의 모순에서 설명해야 한다고 마르크스는 말한다. 그것은 사회가 가지고 있는 모든 잠재력이 인간성 실현에 사용되는 것은 아니라는 점을 말해준다.

넷째, 현재 사회의 자궁 속에서 새로운 사회 관계의 물질적 실존 조건이 자라나기 전에는 결코 그 사회는 사라지지 않는다. 시민 사회의 자궁 속에서 발전된 생산력은 이 사회의 모순과 대립 관계를 해결할 수 있는 물질적 조건을 동시에 산출한다는 것이다. 이 명제는 포스트모던 마르크스주의의 핵심이다. 왜냐하면 정치경제학 비판은 주어진 현실 속에 이미 현실을 뛰어넘을 수 있는 잠재력이 함축되어 있다고 믿기 때문이다. 현실을 섣불리 이상으로 재단하지 않고 오히려 현실의 모순과 철저하게 대립함으로써 우리가 나아가야 할 방향을 모색하는 태도, 그것이 포스트모더니즘의 비판 정신이다. 그렇기 때문에 마르크스의 정치경제학 비판은 다음의 명제로 요약된다. "인류에게는 그들이 해결할 수 있는 과제들만이 항상 설정된다……왜냐하면 그것을 해결할 수 있는 물질적 조건들이 이미 존립하거나 또는 적어도 생성되는 과정에 있는 곳에서만 과제가 발생하기 때문이다."[77]

마르크스가 제시했던 공산주의의 이념이 결코 실현될 수 없는 하나의 허구로 폭로된 지금, 공산주의는 본래 자본주의의 전제 조건 속에서 실현될 수 있는 인간 해방의 방향을 제시한다는 것은 정말 역설이다. 그것은 또한 피할 구멍이 없는 것처럼 보이는 자본주의 현실에서도 인간성을 실현할 수 있다는 희망의 표현이기도 하다. 그러나 비판만이 희망을 잉태한다. 공산주의는 주어진 조건을 냉철하게 분석하면서도 동시에 "각자의 자유로운 발전이 모두의 자유로운 발전의 조건이 되는 연합체"[78]를 꿈꾼다. 우리가 사랑하는 사람들을 대할 때와 똑같은 배려와 존중심을 가지고 모든 사람의 욕구를 충족시킬 수 있는 날이 언젠가는 올 것이라는 희망이 없다면, 우리는 현실 속에 숨겨진 해방의 잠재력에 주목할 필요도 없을 것이다. 만약 사회 관계를 바꿀 수 있는 해방의 힘이 현실 속에 이미 들어 있다면, 사회적 정의는 마르크스가 예언한 혁명이 일어나지 않더라도 합리적 개혁만으로도 실현될 수 있을 것이다.

물론 우리가 현실적으로 처해 있는 자본주의의 사회 관

계를 인정함과 동시에 인간성을 실현하려면 무엇보다 사회의 모순을 있는 그대로 바라볼 수 있는 냉철한 시각이 필요하다. 이러한 시각은 생산 수단의 공유를 추구하는 공산주의 이념을 비판적 생활 양식을 공유하는 '포스트모던 공생주의'로 변화시킬 수 있다. 어떤 사람들은 강한 공산주의 이념이 진부한 것만큼이나 공생주의는 맥이 없다고 질타할 수도 있을 것이다. 그러나 이십 퍼센트의 가진 자들이 팔십 퍼센트의 없는 자들을 지배하는 후기 자본주의 사회에서 이십 퍼센트의 사람들만이라도 비판적 의식을 가지고 있다면, 우리 사회가 가지고 있는 해방의 잠재력이 헛되이 사용되지는 않을 것이다. 포스트모던 공생주의는 가진 자의 행복과 없는 자의 불행이 신의 의지라고 생각하지도 않으며, 경제적 발전과 효율성을 위해 어쩔 수 없이 치러야 하는 대가라고도 생각하지 않는다. 포스트모던 공생주의는 사회적 불평등은 단지 '피할 수 있는 비극'이라고 생각할 정도로 인간 이성을 믿지만, 이 땅에서 실현될 수 있는 유토피아는 결코 단숨에 혁명적으로 실현될 수 없다고 생각한다는 점에서 인간의 실천 능력에 한계를 설정한다. 그러나 제한된 실천 가능성에도 불구하고 우리를 억압하고, 노예로 만들고, 황폐화하고, 멸시하는 모든 관계를 변화시키고자 한다면, 마르크스는 여전히 희망의 기호로 남아 있는 것이다.[79] 그렇다. 마르크스가 현실의 모순을 극복하고 인간 해방을 이룩할 수 있다는 희망을 의미한다면,

데리다가 말하는 것처럼 "마르크스 없이는 미래가 없을 것이다".[80] 우리가 지금 마르크스에 대한 기억을 되살리려 하는 것은 바로 우리가 미래를 원하기 때문이다.

주

1 (편집자주)《공산당선언*Manifest der Kommunistischen Partei*》은 과학적
공산주의에서 가장 의미 있는 강령적 문서 가운데 하나이다. "이 조
그만 책자는 전체 책들에 필적한다. 그의 정신은 오늘날까지 조직하
여 투쟁하는 문명 세계의 전체 프롤레타리아에게 영감을 주고 그들
을 움직인다"(레닌Vladimir Ilich Lenin). 카를 마르크스Karl Marx와 프
리드리히 엥겔스Friedrich Engels에 의해 공산주의자 동맹의 강령으로
집필된《공산당선언》은 1848년 2월 영국에서 23쪽 분량의 판본으
로 처음 출간되었다. 이것은 1848년 3월부터 7월까지 독일 망명자
들의 민주주의 기관지인《독일어판 런던신문》에 실렸다. 같은 해 런
던에서 초판의 오자를 제거하고 기호 표시를 개선한 30쪽짜리 팸플
릿이 중판되었다. 마르크스와 엥겔스는 이 판본을 훗날 저자들이 인
정한 판본의 밑바탕으로 삼았다. 그 밖에도《공산당선언》은 1848년
에 몇몇 유럽어(프랑스어, 폴란드어, 이탈리아어, 덴마크어, 플랑드
르어, 스웨덴어)로 번역되었다. 1848년의 판본들에서는《공산당선
언》의 저자들 이름이 언급되지 않았다. 이것은 하니G. J. Harney가 차
티스트 기관지《붉은 공화주의자*Red Republican*》의 편집자 서문에서
첫 번째 영어 번역본에 대해 언급하면서 처음으로 드러나게 되었다.
1872년 새로운 독일어판《공산당선언》이 출간되었는데, 마르크스

와 엥겔스는 이 판본의 극히 일부를 수정했으며 서문을 달았다. 이 판본은 이어서 출간된 1883년과 1890년의 독일어판과 마찬가지로 '공산당선언'이라는 제목을 달았다.

《공산당선언》의 첫 번째 러시아어판은 1869년 제네바에서 바쿠닌 Mikhail A. Bakunin의 번역으로 출간되었는데, 몇 군데에서 《공산당선언》의 내용이 왜곡되었다. 이 첫 판의 결함들은 1882년 제네바에서 출간된 플레하노프Georgy V. Plekhanov의 번역에서 수정되었다. 플레하노프의 번역은 러시아에서 《공산당선언》에 포함된 이념들의 강렬한 확산을 야기했다. 마르크스와 엥겔스는 러시아에서의 마르크스주의 확산에 커다란 의미를 부여했기 때문에 이 판본에 특별한 서문을 붙였다.

마르크스 사망 후 엥겔스가 감수한 일련의 《공산당선언》의 판본들이 출간되었다. 엥겔스의 서문을 단 1883년 독일어판, 무어Samuel Moore가 마련하고 엥겔스가 편집하고 서문과 각주를 붙인 1888년 영어판, 엥겔스의 새로운 서문과 몇몇 각주가 첨가된 1890년 독일어판 등이 출간되었다. 1885년에는 마르크스의 딸 라우라Laura Lafargue가 작업하고 엥겔스가 감수한 프랑스어 번역이 《사회주의자 Le Socialiste》에 실렸다. 그 밖에도 엥겔스는 1892년의 폴란드어판과 1893년의 이탈리아어판에 서문을 썼다. 여기서 열거한 서문들은 모두 이 책에 실려 있다.

2 (1888년 영어판, 엥겔스 주) 부르주아지는 사회적 생산 수단의 소유자이며 임금 노동을 착취하는 근대 자본주의자 계급으로 이해된다. 프롤레타리아트는 근대 임금 노동자 계급을 말하는데, 이들에게는 자신의 생산 수단이 없기 때문에, 살기 위해 자신의 노동력을 파는 일에 의존한다.

3 (1888년 영어판, 엥겔스 주) 정확하게 말한다면, 이는 문자로 쓰여 전

승된 역사를 의미한다. 1847년에는 사회의 전사前史, 즉 기록된 모든 역사에 앞서 존재했던 사회 조직은 거의 알려져 있지 않았다. 그 후 학스트하우젠August Haxthausen이 러시아의 토지 공동 소유를 발견했다. 마우러Maurer는 그것이 모든 독일 종족이 역사적으로 출발했던 사회적 토대임을 증명했다. 그리고 사람들은 공동으로 토지를 소유하는 마을 공동체가 인도에서 아일랜드에 이르는 모든 사회의 원형이었음을 서서히 알게 되었다. 마침내 자연적으로 발생한 이 원시 공산주의 사회의 내부 조직의 전형적인 형태는, 씨족의 진정한 본성과 종족에서 그것이 차지하는 위치에 관한 모건Georg Ludwig Morgan의 탁월한 발견을 통해 낱낱이 드러났다. 이 시원적 공동체의 해체와 더불어 사회는 특수한 계급들, 결국 서로 대립하는 계급들로 분열하기 시작한다(1888년 영어판과 1890년 독일어판, 엥겔스 주). 나는 이 해체 과정을《가족, 사적 소유 그리고 국가의 기원Der Ursprung der Familie, des Privateigenthums und des Staats》, zweite Auflage (Stuttgart, 1886)에서 추적하고자 했다.

4 이 낱말에 해당하는 독일어 Pfahlbürger가 말해주듯, 성외시민은 중세에 시민권을 가지면서 도시 영역의 경계 표지 밖에 사는 주민을 가리킨다.

5 (1888년 영어판, 엥겔스 주) 프랑스에서 생겨난 도시들이 스스로 '코뮌'이라 불렀는데, 심지어 그들이 봉건 주인이나 장인들로부터 지방 자치와 '제3신분'으로서의 정치적 권리를 쟁취할 수 있기 전에도 그렇게 불렸다. 일반적으로 말해, 우리는 여기서 부르주아지의 경제 발전을 보여주는 전형적 나라로 영국을, 그들의 정치 발전의 예로서는 프랑스를 들었다.

(1890년 독일어판, 엥겔스 주) 이탈리아와 프랑스의 도시 시민들도 봉건 지주들에게서 최초의 자치권을 돈을 주고 사거나 빼앗은 후에

자신들의 도시 공동체를 이렇게 불렀다.

6 (편집자주) 마르크스와 엥겔스는 후기 저서에서 '노동의 가치Wert der Arbeit'와 '노동의 가격Preis der Arbeit'이라는 개념 대신에 마르크스에 의해 도입된 더 정확한 개념인 '노동력의 가치Wert der Arbeitskraft'와 '노동력의 가격Preis der Arbeitskraft'을 썼다.

7 (1888년 영어판, 엥겔스 주) 1660년에서 1689년의 영국의 왕정복고시대가 아니라 1814년에서 1830년의 프랑스의 왕정복고시대를 말한다.

8 (1888년 영어판, 엥겔스 주) 이는 주로 독일의 경우에 해당한다. 독일에서는 토지 귀족과 지방 유지들이 자신의 책임하에 관리인들을 통해 토지의 상당 부분을 경작하며, 이 밖에도 사탕무나 감자로 빚는 화주의 대생산가들이다. 이들보다 더 부유한 영국 귀족들은 아직 이 정도로 몰락하지는 않았다. 그러나 그들도 어느 정도 의심스러운 주식회사 설립자들에게 자신들의 이름을 빌려주는 것으로 연금 하락을 상쇄할 수 있음을 알고 있다.

9 (1890년 독일어판, 엥겔스 주) 1848년 혁명의 폭풍은 이 닳아 떨어진 노선 전체를 싹 쓸어버렸고, 그 주체들은 계속하여 사회주의에서 일할 기분을 없애버렸다. 이 경향의 고전적 전형이며 대표자는 카를 그륀Karl Grün이다.

10 생시몽(1760~1825)은 기독교 사회주의의 바탕을 마련한 프랑스의 사회개혁가로서 인간의 행제애가 산업과 사회의 과학적 조직화와 함께 이루어져야 한다고 주장했다. 푸리에(1722~1837)는 생산적 협동조합에 바탕을 둔 사회 건설을 주장한 프랑스의 유토피아적 사회주의자다. 오언(1771~1858)은 1800~1829년에 스코틀랜드 중남부 래너크에서 대규모 방적 공장을 운영하며 노동자 교육과 아동 교육을 실험한 영국의 유토피아적 사회주의자다.

11 (1898년 영어판, 엥겔스 주) 팔랑스테르Phalanstere는 샤를 푸리에 Charles Fourier가 계획한 사회주의 식민지의 명칭이다. 카베Étienne Cabet는 자신의 유토피아 그리고 나중에 미국에 있던 자신의 공산주의 식민지를 이카리아Icarie라 불렀다.

(1890년 독일어판, 엥겔스 주) 오언은 자신의 공산주의 표본 사회를 홈-콜로니(국내에 있는 식민지)라고 부른다. 팔랑스테르는 푸리에가 계획한 사회적 궁전의 이름이었다. 이카리아는 유토피아적 환상 국가를 일컫는데, 카베는 이 국가의 공산주의적 기구를 묘사했다.

12 차티스트Chartist란 1836년부터 남자 보통선거권, 비밀투표, 매년 의회선거, 의원재산 자격 폐지, 세비 지급, 평등한 선거구 등의 6개 요구 사항으로 구성된 〈인민헌장People's Chart〉의 실현을 위해 운동한 사람들을 말한다.

13 개혁주의자는 1843년 7월부터 1850년 1월까지 파리에서 발행된 소부르주아 민주주의자, 금화주의자, 사회주의자들의 기관지인《개혁 La Réforme》을 추종한 사람들을 가리킨다.

14 (1888년 영어판, 엥겔스 주) 당시 의회에서는 르드뤼 롤랭Ledru-Rollin 이, 문학에서는 루이 블랑Louis Blanc이, 그리고 언론에서는《개혁》이 대변했던 정당이다. '사회민주주의'란 이름은 이들 고안자들에게는 다소 사회주의적 색채를 띤 민주주의 또는 공화주의 정당의 한 정파를 의미했다.

(1890년 독일어판, 엥겔스 주) 프랑스에서 당시 사회주의-민주주의라고 자칭했던 정당은 정치적으로는 르드뤼 롤랭이, 문학적으로는 루이 블랑이 대표한 정당이었다. 다시 말해 이 정당은 오늘날의 독일 사회민주주의와는 천양지차가 있다.

15 (편집자주) 엥겔스의 글《공산주의의 원칙》은 공산주의자 동맹을 위한 강령의 초안을 서술한다. 강령을 교리 문답 형식으로 작성하는

일에 대해서는 첫 번째 동맹회의 전에 이미 논의되었다. 이 회의에서 '정의로운 자들의 연합'은 새로 조직되어, 스스로 공산주의자 동맹이라는 이름을 부여했다(1847년 6월). 공산주의자 동맹의 런던 소재 중앙본부(샤퍼Schapper, 바우어Bauer와 몰Moll)는 〈공산주의 신앙고백〉의 초안을 동맹의 회원과 공동체에 보냈다. 유토피아적 사회주의의 영향을 드러낸 이 문서는 마르크스와 엥겔스를 만족시킬 수 없었다. 파리에서 '진정한' 사회주의자인 모제스 헤스Moses Heß에 의해 "훌륭하게 개선된" 초안도 마찬가지였다. 엥겔스는 10월 22일 열린 공산주의자 동맹 파리 지역 사무소 회의에서 이 초안을 매우 상세하고 예리하게 비판했으며, 새로운 초안을 작성하는 과제를 부여받았다. 이 과제에 따라 곧 작성된 초안이 바로 《공산주의의 원칙》이다.

《공산주의의 원칙》을 단지 잠정적인 강령의 초안으로 간주한 엥겔스는 1847년 11월 23일과 24일에 마르크스에게 쓴 서한에서 낡은 교리 문답의 형식을 포기하고 강령을 《공산당선언》의 형식으로 작성하는 것이 최선이라는 생각을 피력했다. 마르크스와 엥겔스가 프롤레타리아 정당 강령의 과학적 원칙들을 주장한 공산주의자 동맹 2차 대회(1847년 11월 29일~12월 8일)는 이 둘에게 선언을 작성하는 과제를 위임했다. 《공산당선언》을 작성하면서 마르크스주의의 주창자들은 《공산주의의 원칙》에서 발전된 명제들 몇 개를 이용했다.

16 (편집자주) 《공산당선언》에서 엥겔스가 계급사회에 선행하는 계급 부재 원시사회의 시기에 관해 쓴 주석을 보라.

17 (편집자주) 결여된 대답을 위해 엥겔스의 원고 반쪽이 공백으로 남겨져 있다.

18 (편집자주) 1892년 엥겔스는 《영국 노동 계급의 상황》 제2판의 서

문에서 19세기 초의 산업 공황의 순환 주기에 대해 이렇게 썼다. "텍스트에서 거대한 산업 공황의 순환 주기는 5년으로 제시된다. 이것은 1825년에서 1842년까지의 사건들의 진행 과정에서 표면적으로 나타난 시간을 계산한 것이다. 그러나 1842년에서 1868년까지의 산업의 역사는 실제 기간이 10년이라는 사실과, 중간에 나타난 공황들은 이차적 성격을 띠고 있으며 1842년 이후에는 점차 사라졌다는 사실을 증명했다."

19 (편집자주) 프롤레타리아 혁명은 오로지 진보한 자본주의적 국가에서만 동시에 가능하며, 그렇기 때문에 이러한 혁명을 개별 국가에서 성공적으로 실행하는 것은 불가능할 것이라는 결론은 마침내 《공산주의의 원칙》에서 서술된다. 그것은 독점자본주의 이전의 시기에는 옳았다.

레닌은 자본주의의 경제적 발전과 정치적 발전은 불규칙하다는, 자신이 발견한 법칙에서 출발하여 새로운 역사적 조건에서 새로운 결론, 즉 사회주의적 혁명의 성공은 몇몇 나라나 심지어 한 나라에서도 가능하다는 결론에 이름으로써, 모든 나라 또는 대부분의 나라에서 혁명의 동시적 성공의 불가능성을 강조했다.

레닌은 이 새로운 결론을 자신의 논문 〈유럽 연합 국가의 구호에 관하여〉에서 처음으로 서술했다(W. I. Lenin, *Ausgewählte Werke*, Bd. I(Berlin, 1955), 753쪽을 참조하라).

20 (편집자주) 엥겔스의 원고에는 22번째 질문과 23번째 질문의 대답 대신에 다만 '그대로bleibt'라는 낱말이 있을 뿐이다. 그것은, 대답이 아직까지 발견되지 않았지만 잠정적으로 작성되었던 공산주의자 동맹의 강령 초안에 씌어 있는 대로 되어야 한다는 것을 의미함이 분명하다.

21 (엥겔스 주) 라살Ferdinand Lassalle은 개인적으로 우리에게 항상 자신

이 마르크스의 제자임을 밝혔고 제자로서 《공산당선언》의 토대 위에 서 있었다. 그러나 1862년에서 1864년까지 그가 전개한 공개 선동에서는 국가 신용으로 지원되는 생산조합을 요구하는 수준을 넘어서지 못했다.

22　(편집자주) 《영국 노동자 계급의 처지*Die Lage der arbeitenden Klasse in England*》(New York · Lovell-London : W. Reeves, 1888)는 1844년에 출간되었다. 프리드리히 엥겔스가 쓰고, 플로렌스 K. 비슈네베츠키Florence K. Wischnewetzky가 옮겼다.

23　이 책 103~106쪽 〈1882년 러시아어판 서문〉을 보라.

24　(엥겔스 주) 라살은 개인적으로 우리에게 항상 자신이 마르크스의 '제자'임을 밝혔고, 제자로서 당연히 선언의 토대 위에 서 있었다. 국가 신용을 지원받는 생산조합에 대한 요구를 넘어서지 못하고 노동자 계급 전체를 국가의 원조를 받는 자와 스스로 돕는 자로 나누었던 그의 일부 추종자 집단은 달랐다.

25　Richard Rorty, *Das Kommunistische Manifest 150 Jahre danach : Gescheiterte Prophezeiungen, glorreiche Hoffnungen*, aus dem Amerikanischen von Reinhard Kaiser(Frankfurt am Main : Suhrkamp, 1998). 로티는 《공산당선언》 출간 백오십 주년을 기념하기 위한 글에서 《공산당선언》이 새롭게 읽힐 수 있는 근거를 이렇게 제시하고 있다.

26　Karl Marx · Friedrich Engels, *Manifest der Kommunistischen Partei*, Werke(MEW)(Berlin : Dietz Verlag, 1977), 448쪽. 아래에서는 1956년부터 출간된 마르크스 · 엥겔스 전집을 MEW로 약칭하여 권수와 함께 인용한다. 이 책 25쪽을 참조하라.

27　Karl Marx · Friedrich Engels, *Manifest der Kommunistischen Partei*, MEW 4, 473쪽. 이 책 33쪽을 참조하라.

28　프리드리히 니체, 〈그리스 국가〉, 《니체전집 3 : 유고(1870년

~1873년)》, 이진우 옮김(책세상, 2001), 309쪽. 마르크스와 니체는 현대 자본주의에 의한 인간의 왜곡에 대한 비판에서 많은 공통점을 보이고 있다. 이에 관해서는 Nancy S. Love, *Marx, Nietzsche, and Modernity*(New York : Columbia Univ. Press, 1986)를 참조하라.

29　Karl Marx · Friedrich Engels, *Manifest der Kommunistischen Partei*, MEW 4, 461쪽. 이 책 15쪽을 참조하라.

30　Heinz Monz, *Karl Marx. Grundlagen der Entwicklung zu Leben und Werk*(Trier, 1973), 160~176쪽.

31　Karl Marx, "Brief an den Vater in Trier vom 10ten November 1837", MEW 40, 4쪽.

32　Karl Marx, "Brief an den Vater in Trier vom 10ten November 1837", MEW 40, 3쪽, 8쪽.

33　Walter Euchner, *Karl Marx*(München : C. H. Beck, 1983), 14쪽 이하.

34　Karl Marx, *Differenz der demokritischen und epikureischen Naturphilosophie*, MEW 40. 이에 관해서는 김진,《칼 마르크스와 희랍철학》(울산대학교출판부, 1998)을 참조하라.

35　Karl Marx, "Die Verhandlungen des G. Rheinischen handtags. Ersten Artikel. Debatten über Preßfreihelt und Publication der bandständischen Verhandlungen", MEW 1, 28~77쪽 중에서 60쪽.

36　Karl Marx, "Brief an Arnold Ruge vom 25. Januar 1843", MEW 27, 415쪽.

37　Karl Marx, "Brief an Ruge vom September 1843", MEW 1, 344쪽~345쪽.

38　Karl Marx, *Die Klassenkämpfe in Frankreich 1848 bis 1850*, MEW 7, 9~107쪽.

39　Karl Marx, *Der achtzehnte Brumaire des Louis Bonaparte*, MEW 8,

111~207쪽.

40 Walter Euchner, *Karl Marx*, 32쪽.

41 Karl Marx, *Inauguraladresse der Internationalen Arbeiter-Assoziation*, MEW 16, 5~13쪽.

42 Karl Marx, *Provisorische Statuten der Internationalen Arbeiter-Assoziation*, MEW 16, 14쪽.

43 이에 대해서는 Theo Stammen, "Marx", *Klassiker des politischen Denkens. 2. Band : Von Locke bis Max Weber*, hrsg. v. Hans Maier · Heinz Rausch · Horst Denzer(München, 1987), 243쪽과 Walter Euchner, *Karl Marx*, 80쪽을 참조하라.

44 Karl Marx, *Grundrisse der Kritik der politischen Ökonomie*, MEW 42.

45 이에 대해서는 Heinrich Popitz, *Der entfremdete Mensch. Zeitkritik und Geschichtsphilosophie des jungen Marx*(Darmstadt, 1980), 7쪽 이하를 참조하라.

46 Friedrich Engels, *Entwurf zur Grabrede für Karl Marx*, MEW 19, 333~334쪽.

47 Iring Fetscher, "Nachwort", in Karl Marx und Friedrich Engels, *Manifest der Kommunistischen Partei. Grundsätze des Kommunismus*(Stuttgart : Reclam, 1986), 84쪽.

48 M. Heidegger, "Hegel und die Griechen", *Wegmarken*, Gesamtausgabe Bd. 9(Frankfurt a. M., 1976), 432쪽 이하.

49 Rudolf Haym, *Hegel und seine Zeit*(Berlin, 1857), 재판(Darmstadt, 1962), 4쪽.

50 G. W. F. Hegel, *Vorlesungen über die Geschichte der Philosophie III*, Werke 20(Frankfurt a. M, 1971), 455쪽.

51 헤겔 좌파가 여전히 논의되고 있는 중요한 이유는 마르크스가 이 학

파에 속했기 때문이다. 이에 반해 헤겔 우파는 정치적으로 왜곡되고 있는 '우파'라는 낱말 때문에 보수적이고 반동적이라는 오해를 부당하게 받아왔다. 이에 관해서는 Hermann Lübbe, "Einleitung", *Die Hegelsche Rechte*(Stuttgart, 1963), 10쪽을 참조하라.

52 Karl Marx, "Brief an den Vater in Trier vom 10ten November 1837", MEW 40, 10쪽.

53 Karl Marx, "Anmerkungen zur Doktordissertation", *Differenz der demokritischen und epikureischen Naturphilosophie*, MEW 40, 327쪽.

54 Karl Marx, *Thesen über Feuerbach 11*, MEW 3, 7쪽.

55 Karl Marx, *Thesen über Feuerbach 3*, MEW 3, 6쪽.

56 Karl Marx, *Zur Kritik der Hegelschen Rechtsphilosophie. Einleitung*, MEW 1, 378쪽.

57 Karl Löwith, *Von Hegel zu Nietzsche*(Stuttgart, 1964), 350쪽 이하를 참조하라.

58 Karl Marx, *Zur Kritik der Hegelschen Rechtsphilosophie. Einleitung*, MEW 1, 378쪽.

59 Karl Marx, *Zur Kritik der Hegelschen Rechtsphilosophie. Einleitung*, MEW 1, 379쪽.

60 Karl Marx, *Zur Kritik der Hegelschen Rechtsphilosophie. Einleitung*, MEW 1, 378쪽.

61 Karl Marx, *Kritik des Hegelschen Staatsrechts*(1843), MEW 1, 201~346쪽.

62 Karl Marx, *Kritik des Hegelschen Staatsrechts*(1843), MEW 1, 206~207쪽.

63 Karl Marx, *Kritik des Hegelschen Staatsrechts*(1843), MEW 1, 229쪽.

64 Karl Marx, *Kritik des Hegelschen Staatsrechts*(1843), MEW 1, 231쪽.

65 Karl Marx, *Zur Kritik der Hegelschen Rechtsphilosophie*. Einleitung, MEW 1, 390쪽.

66 Karl Marx, *Zur Kritik der Hegelschen Rechtsphilosophie*. Einleitung, MEW 1, 391쪽.

67 Karl Marx, *Zur Kritik der Hegelschen Rechtsphilosophie*. Einleitung, MEW 1, 385쪽.

68 Karl Marx · Friedrich Engels, *Manifest der Kommunistischen Partei*, MEW 4, 462쪽. 이 책 16쪽을 참조하라.

69 Karl Marx · Friedrich Engels, *Manifest der Kommunistischen Partei*, MEW 4, 463쪽. 이 책 16~17쪽을 참조하라.

70 Karl Marx · Friedrich Engels, *Manifest der Kommunistischen Partei*, MEW 4, 475쪽. 이 책 36쪽을 참조하라.

71 Karl Marx · Friedrich Engels, *Manifest der Kommunistischen Partei*, MEW 4, 481쪽. 이 책 45쪽을 참조하라.

72 Karl Marx · Friedrich Engels, *Manifest der Kommunistischen Partei*, MEW 4, 482쪽. 이 책 47쪽을 참조하라.

73 Karl Marx · Friedrich Engels, *Deutsche Ideologie*, MEW 3, 35쪽.

74 Karl Marx · Friedrich Engels, *Manifest der Kommunistischen Partei*, MEW 4, 482쪽. 이 책 48쪽을 참조하라.

75 Karl Marx · Friedrich Engels, *Manifest der Kommunistischen Partei*, MEW 4, 464쪽. 이 책 19쪽을 참조하라.

76 Karl Marx · Friedrich Engels, *Manifest der Kommunistischen Partei*, MEW 4, 468쪽. 이 책 24쪽을 참조하라.

77 Karl Marx, *Zur Kritik der Politischen Ökonomie. Vorwort*, MEW 13, 9쪽.

78 Karl Marx, *Manifest der Kommunistischen Partei*, MEW 4, 482쪽. 이

책 48쪽을 참조하라.

79 이에 관해서는 Raymond Aron, *Die heiligen Familien des Marxismus* (Düsseldorf, 1970), 223쪽을 참조하라. 오늘날의 학문이 마르크스에 의해 제기된 문제들을 해결했다면 마르크스는 분명 과거에 속할 것이라면서, 그렇지 않은 한 마르크스는 여전히 "우리의 동시대인" 이라고 단언한다.

80 Jacques Derrida, *Spectres de Marx*(Paris, 1993) ; 자크 데리다,《마르크스의 유령들》(한뜻, 1996), 28쪽.

더 읽어야 할 자료들

강재륜, 《마르크스주의의 현대적 과제》(인간사랑, 1989)

소비에트 외의 지역에서 이해되는 마르크스주의와 최근의 마르크스주의 동향을 폭넓게 살펴보고 있다. 마르크스주의의 문제와 한계를 좀 더 심층적으로 파악하기 위해서, 외부적이고 부정적인 관점을 취하지 않고 마르크스주의자들 자체 내에서 일어나는 내부적 분규를 조사하는 방법을 사용한다. 따라서 이 책에 등장하는 사상가들은 약간의 예외는 있으나 마르크스주의자이거나 마르크스의 입장에 동조하는 사람들이다.

경산대학교 사회과학연구소 엮음, 《마르크스의 방법론과 가치론》(한울아카데미, 2000)

경산대학교 사회과학연구소가 주최한 〈사회과학방법론과 자본주의이론〉에서 다룬 다섯 편의 논문들로 구성되어 있다. 이 논문들은 마르크스의 방법론과 가치론에 관하여 이미 확립되어 있는 명제를 해설하기보다, 미해결 쟁점들에 대한 새로운 해석을 제안한다.

김진, 《칼 마르크스와 희랍철학》(울산대학교출판부, 1998)

마르크스의 희랍철학에 대한 이해, 특히 에피쿠로스 연구를 상세히 소개하고 있다. 에피쿠로스가 원자론적 세계관을 지지하면서도 도덕적 실천 가능성을 위해 데모크리토스와 달리 원자의 편차, 즉 자기의식의 문제를 요청했다는 사실에 주목하면서, 이런 에피쿠로스의 요청적 사유방식이 마르크스에게 미친 영향을 살펴본다.

루이 알튀세르, 《맑스를 위하여》, 이종용 옮김(백의, 1997)
알튀세르가 지난 4년간 여러 잡지에 마르크스와 관련해 발표한 글들을 모아 1965년에 출판한 책이다. 계급 환원론, 경제 환원론, 부정적 이데올로기를 주장하는 기존의 마르크스주의 신념을 비판하고, 상대적 자율성을 지닌 이데올로기, 중층 결정론과 같은 본인의 입장을 소개한다.

이병천 외 엮음, 《마르크스주의의 위기와 포스트마르크스주의 1》(의암출판문화사, 1992)
이 책은 마르크스주의의 위기의 실상에 대한 우리의 올바른 이해를 돕고, 포스트 마르크스주의, 포스트 자유주의적인 새로운 민주주의론의 주체적 정립을 위해 유용하다고 생각되는, 세계의 주요 이론적 흐름을 포괄적으로 소개하는 데 목적을 두고 있다.

이병천 외 엮음, 《마르크스주의의 위기와 포스트 마르크스주의 2》(의암출판문화사, 1992)
시민사회론과 민주주의론과 관련된 논문들이 소개되고 있다. 이 책에서는 시민 사회론의 부재는 표준적 마르크스의 근본 맹점이자, 소련을 위시한 동유럽 사회의 붕괴 요인이라고 강조한다. 이 책에 수록된 연구들은 시민사회론이 포스트 마르크스주의 급진 민주주의론 속에 훌륭하게 자리매김될 수 있음을 입증해준다.

이사야 벌린, 《칼 마르크스 : 그의 생애와 시대》, 안규남 옮김(미다스북스, 2001)

마르크스의 사상을 지나치게 결정론적으로 해석하는 문제점이 있지만, 자유주의 이론가인 이사야 벌린은 이 책에서 마르크스의 생애와 사상을 균형 잡힌 시각으로 소개하고 있다. 그는 마르크스의 생애를 주로 사회주의 혁명가라는 관점에서 다룬다. 이 책에서 벌린이 관심을 가졌던 시대적 배경은 《공산당 선언》과 《자본론》을 썼던 당시의 정치적, 지적 환경이다.

이진우, 《탈현대의 사회철학》(문예출판사, 1993)

후기 자본주의 사회를 역사적 시각에서 바라볼 수 있는 비판적 거리를 획득하기 위해 마르크스를 탈현대적으로 재구성하고 있다. 이를 통해 그동안 이데올로기에 의해 이지러졌던 것과는 전혀 다른 마르크스를 보여주며, 마르크스 비판철학의 재활성화를 시도한다.

임지현, 《마르크스·엥겔스와 민족문제》(탐구당, 1990)

민족문제에 대한 마르크스와 엥겔스의 사상적 진화 과정을 추적하고 있다. 마르크스와 엥겔스가 초기에는 민족주의를 부정적으로 이해했으나, 나중에는 특정한 상황에서 일어나는 민족주의 운동이 사회주의 혁명과 긍정적으로 연관될 수 있다는 변화된 입장을 취했다고 분석한다. 민족문제와 관련한 이런 입장 변화 속에 전제되어 있는 마르크스와 엥겔스의 이론적 입장과 그 기준들을 자세히 살펴본다.

테럴 카버, 《엥겔스》, 이종인 옮김(시공사, 2000)

엥겔스의 사상이 마르크스 이론과 실천에 미친 영향을 폭넓게 추적하면서, 마르크스주의자들이 엥겔스의 사상을 옹호하면서 겪게 되는 난점과 효용성을 다루고 있다. 엥겔스의 사상과 현대 사회학과 정치학에 대한,

그리고 그것들의 관계에 대한 논의가 흥미롭게 전개된다. 엥겔스라는 사상가에 대한 친절한 해설이자, 학문적 논의를 위한 입문서이다.

프랜시스 윈, 《마르크스 평전》, 정영목 옮김(푸른숲, 2001)
마르크스와 관련한 많은 책들은 일방적으로 그를 신성시하거나 악마시하는 잘못을 저질러왔다. 이런 극단적 해석은 한 인간으로서의 마르크스의 삶을 주목하지 못한 데 따른 잘못이라는 점에서, 피와 살을 가진 한 인간으로서의 마르크스의 삶을 추적하는 이 책은 마르크스에 대한 균형잡힌 이해에 도움을 줄 것이다.

프레드릭 제임슨, 《후기 마르크스주의》, 김유동 옮김(한길사, 2000)
포스트모던한 후기자본주의 시대에 적합한 변증법적 모델로서 아도르노를 제시하고 있다. 여기에서 아도르노는 탈중심화된 시대에 새로운 중심을 찾으려는 제임슨의 노력을 지지할 철학자로서 재해석된다. 실증주의나 경험주의의 파편화된 인식에 맞서 현실에 대한 총체적, 변증법적 인식을 포스트모던한 현실에 적합한 방식으로 찾으려는 저자의 노력을 엿볼 수 있다.

이진우

1956년 경기도 화성에서 태어났다. 연세대학교 독문과를 졸업하고 독일 아우크스부르크 대학교에서 철학 석사·박사 학위를 받았다. 《마키아벨리 정치 사상에 나타난 권력과 이성Macht und Vernunft im politischen Denken Machiavellis》(1987)이래 여러 저서와 논문을 통해 인간 실존을 둘러싼 문제들을 이성과 권력의 관점에서 탐구했다. 계명대학교 철학과 교수 및 동 대학 총장, 포스텍 인문사회학부 석좌교수를 역임했고 현재 포스텍 명예교수로 있다.

《전쟁은 일어나지 않는다는 착각》, 《불공정사회》, 《개인주의를 권하다》, 《균형이라는 삶의 기술》, 《니체의 인생강의》, 《탈이데올로기 시대의 정치철학》, 《탈현대의 사회철학》, 《도덕의 담론》 등 다수의 저서를 집필했고, 《책임의 원칙》, 《현대성의 철학적 담론》, 《인간의 조건》, 《덕의 상실》, 《탈형이상학적 사유》, 《차라투스트라는 이렇게 말했다》 등을 우리말로 옮겼다. 다양한 매체를 통해 대중에게 철학으로 사유하는 힘을 전하고 있다.

공산당선언

초판 1쇄 펴낸날 2002년 10월 30일
개정 1판 1쇄 펴낸날 2018년 6월 20일
개정 1판 7쇄 펴낸날 2024년 3월 25일

지은이 카를 마르크스 · 프리드리히 엥겔스
옮긴이 이진우

펴낸이 김준성

펴낸곳 책세상
등록 1975년 5월 21일 제2017-000226호
주소 서울시 마포구 동교로23길 27, 3층 (03992)
전화 02-704-1251
팩스 02-719-1258
이메일 editor@chaeksesang.com
광고·제휴 문의 creator@chaeksesang.com
홈페이지 chaeksesang.com
페이스북 /chaeksesang **트위터** @chaeksesang
인스타그램 @chaeksesang **네이버포스트** bkworldpub

ISBN 979-11-5931-249-6 04300
       979-11-5931-221-2 (세트)